Michael Begasse

111 royale
Momente
für die
Ewigkeit

emons:

For my rock!

Bibliografische Information der Deutschen Nationalbibliothek
Die Deutsche Nationalbibliothek verzeichnet diese Publikation
in der Deutschen Nationalbibliografie; detaillierte bibliografische
Daten sind im Internet über http://dnb.d-nb.de abrufbar.

© Emons Verlag GmbH
Alle Rechte vorbehalten
© der Fotografien: siehe Seite 236
© Covermotiv: shutterstock.com/Shaun Jeffers; Vector Tradition;
Foto Autor im Button: © Anna Thoma
Gestaltung: Eva Kraskes, nach einem
Konzept von Lübbeke | Naumann | Thoben
Druck und Bindung: CPI – Clausen & Bosse, Leck
Printed in Germany 2021
ISBN 978-3-7408-1223-2
Originalausgabe

Redaktionsschluss 16. August 2021

Unser Newsletter informiert Sie
regelmäßig über Neues von emons:
Kostenlos bestellen unter
www.emons-verlag.de

Vorwort

»Wie sind Sie eigentlich Adelsexperte geworden?« So lautet die Frage, die mir in meinem langen Berufsleben wirklich am häufigsten gestellt wurde. Eigentlich ist es ganz einfach: indem man sich als junger TV-Journalist vor allem für den Menschen unter der Krone interessiert, seine oder ihre Aufgabe als Herzensdienst am Volk betrachtet und königlichen Respekt vor einem vorgezeichneten Leben in der Öffentlichkeit hat. So war es bei mir, und so ist es zum Glück bis heute. Damals, zu Beginn meiner Laufbahn, raste ein gewisser »Prins Pilsje« bei Rot über die Ampel, heute ist er der König der Niederlande. Es war die Zeit, in der ich heimlich ein bisschen verliebt war in die schöne Prinzessin Madeleine von Schweden. Und ich bekomme auch noch immer Gänsehaut, wenn ich an Prinzessin Diana und die Todesnacht in Paris denke! Es gibt sie wirklich, diese Momente im Leben der beliebtesten Royals, die einzigartig und unvergessen sind, die diese Menschen aus Fleisch und Blut beschreiben, wie es keine Biografie kann. Es sind diese Momente, die mir das Herz schneller schlagen lassen, Tränen in die Augen treiben oder auch ein breites Lächeln auf die Lippen zaubern. 111 davon habe ich – ganz privat und ganz persönlich – für Sie zusammengestellt. Ich wünsche Ihnen königliche Unterhaltung. Und vergessen Sie bitte nie: Royals sind (zum Glück) auch nur Menschen.

Michael Begasse

111 royale Momente

1 Die traurige Hochzeit

Der Playboy und die Schwimmerin

Es ist heiß, sehr heiß an diesem Wochenende in Monaco. Die Sonne brennt seit Tagen auf den Felsen zwischen Nizza und der italienischen Grenze, den sich die Familie Grimaldi 1297 unter den Nagel gerissen hat. »Piraten-Royals« nennt man die Emporkömmlinge an den europäischen Königshöfen hinter vorgehaltener Hand. Immerhin regieren die Grimaldis, mit kurzen Unterbrechungen, bis heute. Immer ein Spielball der großen Nachbarn, aber auch immer erfolgreich darin, nie die eigene Souveränität aufzugeben. Und dafür braucht der nicht mehr ganz so junge Fürst Albert II. endlich legitime Nachfolger – und eine Frau, die ihm diese Kinder schenkt und die Unabhängigkeit des Fürstentums von Frankreich garantiert.

»Würde ich Charlène nicht heiraten, wären wir beste Freunde geworden«, plaudert der damals bereits 53-Jährige vor der Hochzeit mit der ehemaligen Schwimmerin in einem TV-Interview aus. Eine romantische Liebeserklärung klingt irgendwie anders. Die beiden kennen sich seit 2000, die kühle Blondine war 2007 fest nach Monaco gezogen und immer öfter an der Seite des Fürsten zu sehen. Gute Freunde halt! Kurz nach dem gemeinsamen Besuch der Hochzeit von Kronprinzessin Victoria von Schweden gibt der Hof in Monte Carlo die Verlobung bekannt. Nach der standesamtlichen Trauung am Tag zuvor läuten am 2. Juli 2011 die Hochzeitsglocken. Doch frenetischen Jubel in den Straßen, den gibt es nicht. Stattdessen kursieren Gerüchte, die Südafrikanerin habe kurz zuvor über Nizza abhauen wollen, habe vor der heißen Monaco-Mission kalte Füße bekommen.

Auch nach der Geburt der Zwillinge Gabriella und Jacques dreieinhalb Jahre später fühlt sich Charlène oft sichtlich unwohl in Monaco, spricht bis heute ein schlechtes Französisch und wirkt immer wie eine Schwimmerin, die den Beckenrand nicht mehr sieht. Wie eine, die beim Jawort noch Chlor in den Augen hatte und nicht sehen konnte, auf was sie sich da einlässt.

2 Der Befreier Europas

Der royale Gegner Napoleons

»Er war das ganze Leben unterwegs. Hat sich dann erkältet und ist in Taganrog gestorben«, heißt es in einem wenig gefühlvollen Nachruf des russischen Dichters Alexander Puschkin auf Zar Alexander I. im Dezember 1825. Der 48-jährige Monarch hatte seine kränkelnde, wenig geliebte Frau, Prinzessin Louise von Baden, ans Schwarze Meer begleitet. Im südrussischen Taganrog infiziert sich der Zar mit dem dort grassierenden Krimfieber und stirbt völlig überraschend.

Als Alexander I., der Enkel von Katharina der Großen, 1801 mit nur 24 Jahren den russischen Thron besteigt, weiß er, welch gefährlicher Schleudersitz das sein kann, wenn man den russischen Adel gegen sich hat. Immerhin war sein Vater, Zar Paul I., nach nur vier Jahren – mit Wissen Alexanders – ermordet worden. Zumindest hatte sein Sohn dies billigend in Kauf genommen. »Ein Schwächling, Lügner, Volksbetrüger, als tatenloser Geck bekannt. Durch Zufall nur berühmt als Sieger, beherrschte damals unser Land«, schreibt Puschkin mit beißendem Spott über den Mann, den man später als den »Befreier Europas« bezeichnet. Alexander war es nämlich – eher zufällig – gelungen, die als unbesiegbar geltende »Grande Armée« von Kaiser Napoleon zurückzudrängen – weil er *nichts* tat! In der berechtigten Hoffnung, der kalte russische Winter würde die 700.000 Soldaten wieder heim nach Frankreich treiben.

Die Rechnung ging auf, Napoleon war besiegt, Alexander war der Star auf dem Wiener Kongress und brachte das russische Zarenreich von einer Außenposition mitten ins Herz Europas. Russland hatte nun, neben Preußen, Österreich und Großbritannien, ein Gewicht im Spiel der royalen Mächte. Der Alexanderplatz in Berlin ist nach ihm benannt, nach dem Zaren, der als Monarch Russland zum Global Player machte, als Mensch unter der Kaiserkrone aber bis heute kaum greifbar ist.

3 Der Magier gewinnt
In den Fängen von Rasputin

»Ra Ra Rasputin, Lover of the Russian Queen«, besingt die deutsche Popband Boney M. Ende der 1970er Jahre den mystischen Frauenversteher Rasputin. Er ist ein ungebildeter, ungepflegter sibirischer Bauer, der 1903 in Sankt Petersburg eintrifft. Was er hat, und was auch Alexandra, der deutschen Frau von Zar Nikolaus II., nicht verborgen bleibt, sind seine Augen, ist sein wissender, durchdringender Blick, mit dem Rasputin Menschen in seinen Bann zieht. Als der Schamane das Herrscherpaar kennenlernt, ist die Stimmung gleich vertraut. Rasputin duzt den Monarchen und seine Gattin, nennt Nikolaus »Väterchen«. Der Zar notiert in sein Tagebuch: »Lernte Grigorij Rasputin kennen, einen Mann Gottes.« Alexandra nennt er »Mama«, und die 33-jährige Mutter von fünf Kindern schmilzt dahin.

Rasputins Einzug in ihr Seelen- und vielleicht auch Liebesleben, wie es im Song behauptet wird, geschieht über das jüngste Kind der Zarin. Alexei leidet an der Bluterkrankheit, jeder Schnitt kann für den Thronfolger tödlich sein. Als der Zarewitsch beim Spielen hinfällt, bildet sich ein schmerzhaftes Ödem, die Ärzte können dem weinenden Jungen nicht helfen. Da schickt seine verzweifelte Mutter nach Rasputin. Er berührt das Kind nicht einmal, sondern schaut es nur mit seinen hypnotisierenden Augen an. Der Zarewitsch entspannt sich, und das Ödem verschwindet langsam. Damit ist Rasputins Ruf als Wunderheiler zementiert.

Das Herrscherpaar begibt sich in eine emotionale Abhängigkeit zu dem Mann, den sie im Grunde gar nicht kennen. Schnell machen auch Gerüchte über eine sexuelle Beziehung der geborenen Prinzessin Alix von Hessen-Darmstadt mit ihm die Runde. Beweise dafür gibt es nicht. Klar ist aber, dass es nicht mehr lange dauert, bis auch Nikolaus II. als Herrscher über ein Riesenreich keine politische Entscheidung mehr ohne vorherige Absprache mit Rasputin fällt. Bis zu dessen Ermordung im Winter 1916.

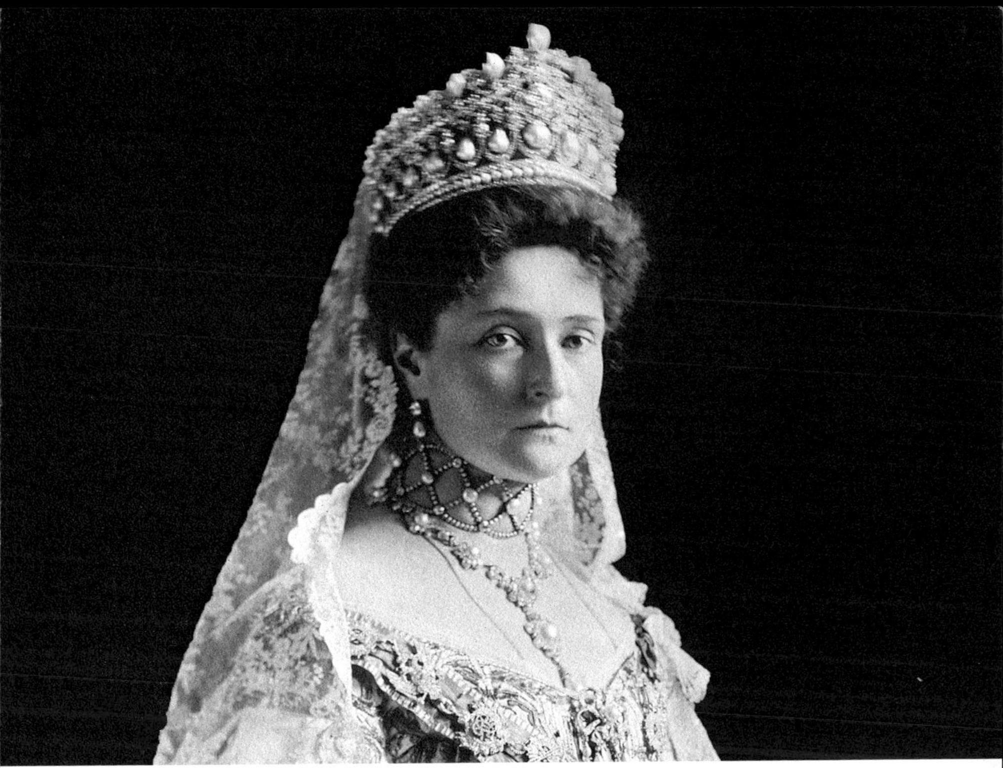

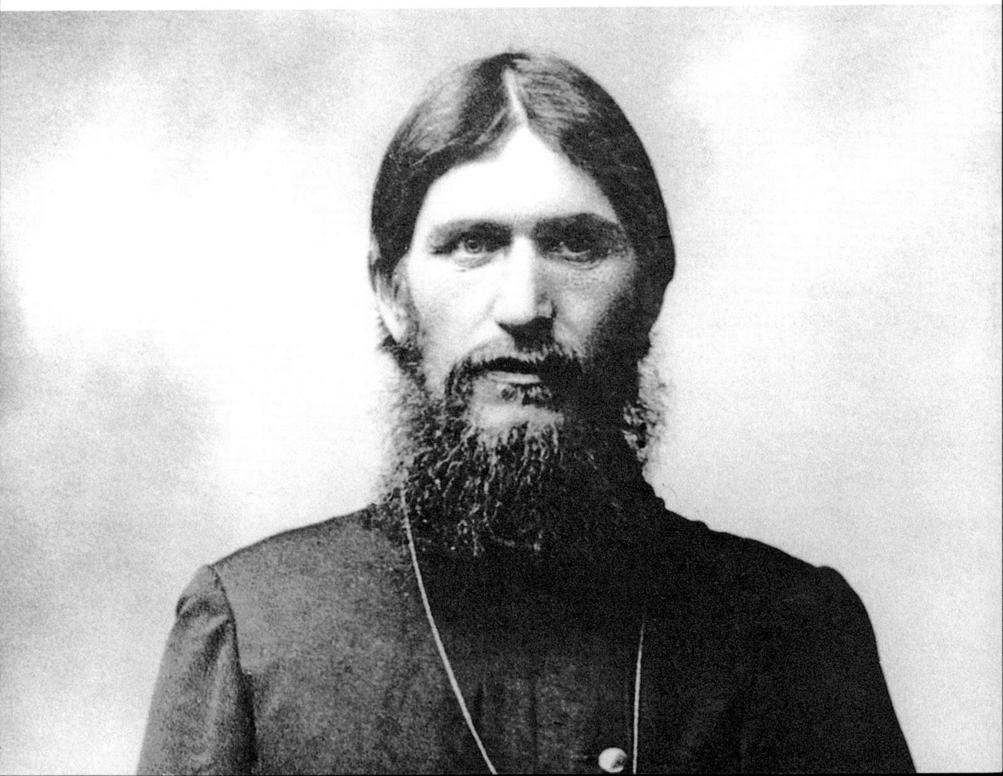

4__ Die Akte Anna Anderson

Das Geheimnis der verschwundenen Zarentochter

Eine junge Frau wird 1920 in Berlin aus einem Kanal gezogen. Sie nennt sich Anna Anderson, hat keine Papiere und ist verwirrt. In der Psychiatrie erkennt ein Mitpatient in ihr Anastasia, die letzte Zarentochter. Hatte sie das Massaker von 1918 überlebt? Es gibt Gerüchte, die Großfürstin habe angeschossen die Flucht über Rumänien nach Berlin geschafft. Die Geschichte schlägt hohe Wellen. Über ihren ganzen Körper verteilt finden sich Narben. Und die Frau hat dieselben Zehverformungen wie Anastasia.

1938 geht Anna Anderson vor Gericht und kämpft um die Anerkennung ihrer Identität als Großfürstin Anastasia und darum, Alleinerbin des Romanow-Vermögens zu sein. Denn der Zar hatte für jede Tochter fünf Millionen Pfund bei der Bank of England eingezahlt und sollte zudem ein Vermögen in der Schweiz gelagert haben. Doch auch die legitimen Verwandten wollten das Geld und ihren Nachkommen die russische Thronfolge sichern. Erst 1970 urteilt ein Gericht, dass Annas Anspruch auf die Identität Anastasias zwar nicht zu beweisen ist, aber auch nicht widerlegt werden kann. 52 Jahre nach dem Verschwinden der Familie bleibt das Geheimnis der Romanows vorerst ungelöst.

1984 stirbt Anna Anderson in den USA. Unklar bleibt, ob sie mit der Anastasia-Lüge bewusst getäuscht hat oder durch eine psychische Erkrankung davon überzeugt war, die letzte Zarentochter zu sein. Als die Gebeine der Romanows in Russland gefunden und identifiziert werden, sehen Annas Anhänger die Möglichkeit, ihre Geschichte zu beweisen. Denn 1979 hatten Ärzte ihr einen Teil des Darms entfernt und davon eine Gewebeprobe aufbewahrt. Das Ergebnis des Gentests wird am 5. Oktober 1994 veröffentlicht. Fest steht: Anna Anderson ist nicht mit den Romanows verwandt! Sie war nicht Anastasia, die letzte Zarentochter, sondern Franziska Shanzkowska, ein polnisches Bauernmädchen, das immer davon geträumt hatte, Schauspielerin zu werden.

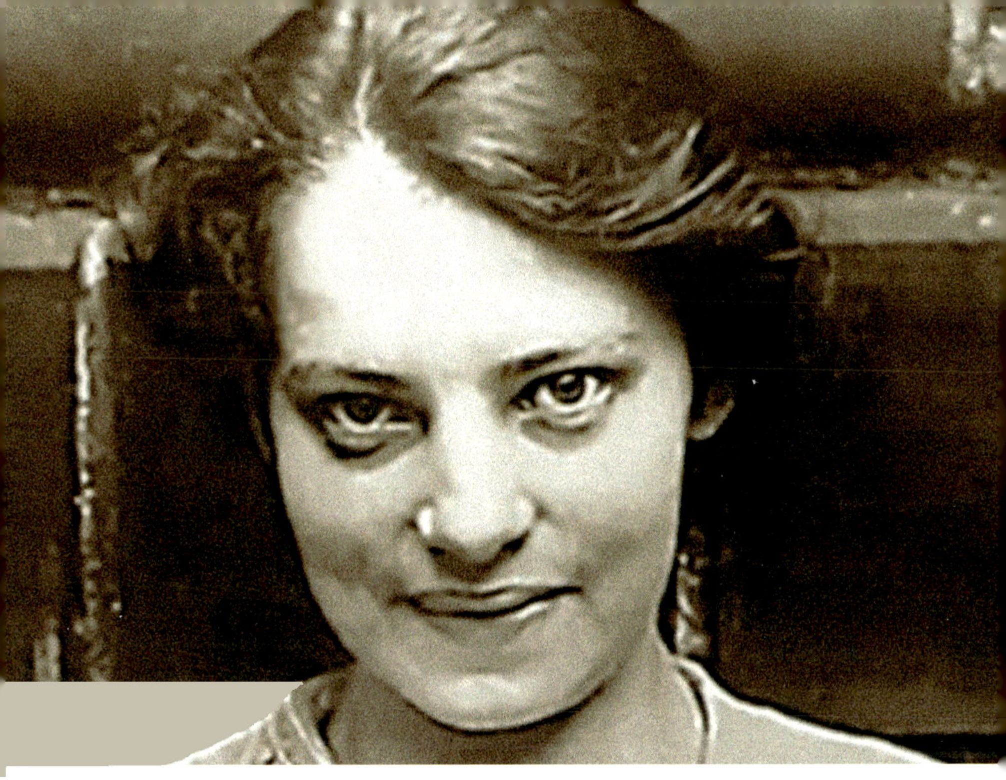
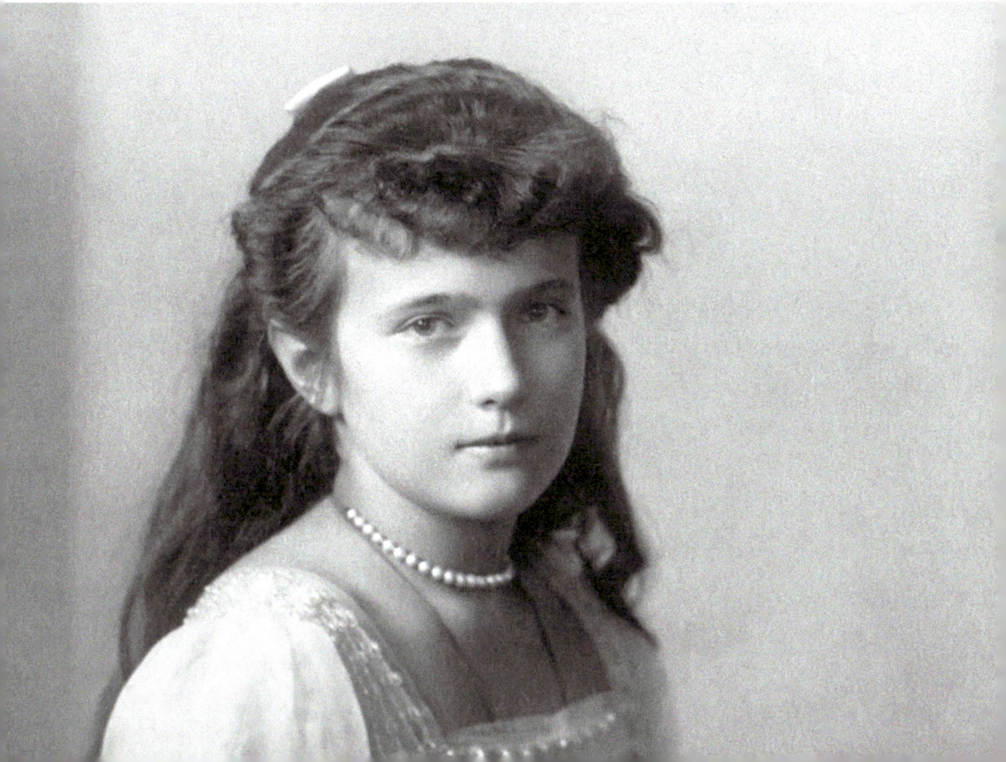

5__ Der Sexskandal

Der royale Supergau für die Queen

Es sind das eine Foto und das eine Interview, die den Ruf des Lieblingssohnes der Queen zerstören. Es gibt weder eine Verurteilung noch Beweise dafür, dass Prinz Andrew tatsächlich in den Sexskandal um den Missbrauch Minderjähriger verwickelt ist. Selbst die detaillierten Schilderungen der damals betroffenen Frauen geben nicht den Ausschlag. Es ist das Foto, das Prinz Andrew mit dem Kinderschänder Jeffrey Epstein auf dem Gefängnishof zeigt. Und das BBC-Interview am 16. November 2019, in dem der angeschossene Royal seine brutale Arroganz gegenüber den Opfern demonstriert. Aber alle wissen: Egal, was die Ermittlungen bringen werden, Prinz Andrew ist für alle Zeiten erledigt! Kaltgestellt von seiner Mutter, der Queen, unterstützt dabei von Prinz Charles und Prinz William.

Andrews einschlägig vorbestrafter Kumpel Jeffrey Epstein soll über Jahrzehnte Dutzende minderjährige Mädchen zur Prostitution gezwungen haben. Nachdem sich der Millionär in einer Gefängniszelle das Leben genommen hatte, zieht sich die Schlinge um den Hals von Prinz Andrew immer mehr zu. Er behauptet, von den Machenschaften seines Freundes nichts mitbekommen zu haben. Dabei war er mehrmals auf dessen Anwesen zu Gast. Und es gibt Zeugen. Warum hat Andrew seinen Kumpel überhaupt im Gefängnis besucht? Was gab es zu besprechen oder zu vertuschen? Das fragt sich die ganze Welt, als besagtes Paparazzi-Foto erscheint.

Eines der Opfer, Virginia Roberts, wirft Andrew vor, sie als 17-Jährige missbraucht zu haben. Im TV-Interview fläzt der Royal sich in den Sessel und sagt: »Ich kann mich nicht erinnern, diese Dame jemals getroffen zu haben.« Dabei gibt es ein Foto von 2001, das echt ist und die beiden eng umschlungen zeigt. Kein Wort des Mitleids für die Mädchen, sondern nur überhebliches Gehabe und der Glaube, dem Sohn der Königin könne man eh nichts anhaben. Ob er sich da mal nicht täuscht!

6__ Die versuchte Entführung
»Geh einfach weg!«

Es hätte ein royales Drama werden und einem brutalen Verbrecher die Entscheidungsgewalt über Leben und Tod einer Prinzessin geben können. Doch zum Glück war diese Prinzessin stark und intelligent genug, um ihre eigene Entführung zu vereiteln! Zum Glück war es Prinzessin Anne, eine Frau mit Nerven wie Drahtseilen, eine der britischen Top-Royals, deren Engagement für die Krone bis heute unterschätzt wird.

Es ist gegen 20 Uhr am 20. März 1974, als Prinzessin Anne, begleitet von ihrem Mann Mark Phillips, einem Leibwächter und einem Angestellten, nach einer Benefizveranstaltung in den Buckingham Palace gefahren wird. Die damals 23-jährige Tochter der Queen ist müde nach dem langen Tag. Plötzlich rast von hinten ein weißer Ford Escort heran, der ihre dunkle Limousine an den Straßenrand drängt. Anne und Mark sind entsetzt, denn ein Mann springt raus, zückt eine Waffe und schießt. Der Chauffeur und der Leibwächter der Prinzessin werden verletzt. Der junge Angreifer versucht, Anne aus dem Auto zu zerren, doch sie wehrt sich. Ein Polizist auf Streife und ein Reporter greifen beherzt ein. Da fallen weitere Schüsse. »Geh einfach weg und sei kein so dummer Mann!«, ruft ihm die Prinzessin besonnen zu und versucht über die Beifahrerseite zu entkommen. Aber erst der gezielte Haken des früheren Schwergewichtsboxers Ronnie Russell, der zufällig vorbeifährt und den Kampf sieht, bringt den rasenden Angreifer zur Strecke. Vier Menschen erleiden Schussverletzungen, Prinzessin Anne und ihr Mann kommen mit dem Schrecken davon.

Der psychisch kranke Ian Ball wird wegen versuchten Mordes und versuchter Entführung von Prinzessin Anne zu einer lebenslangen Haftstrafe in einer Klinik verurteilt, wo er auch heute noch lebt. Der damals 26-Jährige hatte ausgesagt, dass er mehrere Millionen Pfund erpressen und zudem mit der Aktion auf die schlechten Zustände im Gesundheitssystem aufmerksam machen wollte.

7_ Die Porzellanmanufaktur Meissen

Das »Weiße Gold« der Könige

Nach einem Besuch beim sächsischen Kurfürsten August dem Starken in Dresden notiert König Friedrich Wilhelm von Preußen: »Ich bin mehr ermüdet, als wenn ich zwei Hirsche tothetze«, so der Soldatenkönig nach einer Megaparty. »Die hiesige Pracht ist so groß (und) was das liederliche Leben betrifft, kann ich sagen, so etwas habe ich noch nie gesehen!« August der Starke ist in ganz Europa berühmt für seine prunkvollen Schlösser, rauschenden Feste, erlesenen Preziosen und seinen ausschweifenden Lebenswandel. Der Wettiner führt ein luxuriöses Lotterleben mit ständig wechselnden Mätressen. Er lässt Prachtfeuerwerke abschießen, Seeschlachten auf der Elbe veranstalten und Maskenbälle inszenieren, die sich oft über Tage hinziehen. Legendär sind die 300 Fuhrwerke mit Schnee aus den Bergen, die er herankarren lässt, oder der größte Stollen der Welt, der auf sein Geheiß gebacken wird.

Dresden, Elb-Florenz genannt, zeugt auch heute noch davon, welche Bedeutung August der Starke in der europäischen Adelsgeschichte hat. Mit 24 Jahren wird er absolutistischer Kurfürst, mit 27 König von Polen – den Titel hat er sich mit Steuergeldern gekauft. Der notorische Trinker ist großer Kunstmäzen und glückloser Feldherr. Und auch ein ewig zu kurz Gekommener, der andere Barockfürsten beeindrucken will mit seinem »Weißen Gold«, dem Porzellan! Das kam damals aus China. Doch Tüftlern am sächsischen Hof war es zufällig gelungen, selbst Porzellan herzustellen. 1710 lässt August die Meissener Porzellanmanufaktur gründen, die wirtschaftlich durch die Decke geht, denn Porzellan wird zu einer neuen royalen Währung.

Den Beinamen »der Starke« hat sich der sächsische Herkules übrigens selbst gegeben. Er soll nicht nur in der Lendengegend aktiv gewesen sein und mehr als 300 Kinder gezeugt haben, er war wohl auch in der Lage, ein Hufeisen mit bloßen Händen zu verbiegen!

Fredric august Kong I Pol
och Churförst af saxsen

8___ Die Mätresse des Königs

Eine Straßendirne erobert Versailles

Die angeheiratete Gräfin hat es als leichtes Mädchen zur Titel-
heldin in der leichten Muse gebracht – in der viel gespielten Operette »Die Dubarry« von Carl Millöcker von 1879. Da war Madame
bereits 86 Jahre tot. Hingerichtet auf der Guillotine. Aber wer war
sie wirklich, diese Dubarry? Marie-Jeanne du Barry, wie sie korrekt
geschrieben wird, geborene Bécu aus Lothringen, die Mätresse von
Ludwig XV.?

»Ja so ist sie, die Dubarry, wer sie einst sah, vergisst sie nie!«, heißt
es im Libretto der Operette. Das wird auch dem Henker so ergangen
sein, der die Gespielin des Königs am 8. Dezember 1793 mit dem
damals so populären Fallbeil ins Jenseits befördern soll. Nach einem
Blitzurteil des Revolutionstribunals, das die 50-Jährige als Blutsau-
gerin und Konterrevolutionärin zum Tode verurteilt hatte. Madame
du Barry vergisst in den letzten Minuten ihres irdischen Lebens jede
Contenance und Selbstbeherrschung, für die sie immer bewundert
worden war, und wird zur Furie auf dem Weg zum Schafott: »Sie
wehrte sich und versuchte zu beißen«, wird später ihr Henker zu
Protokoll geben. »Und obgleich es ihrer vier waren, brauchten sie
mehr als drei Minuten, um sie hinaufzubringen.«

Fast genau die Länge der Titelmelodie der Operette: »Voll Charme
und ohne Prüderie, ja so ist sie, die Dubarry«. So war sie tatsächlich,
die du Barry, die ihre Karriere am Hof von Versailles generalstabs-
mäßig geplant hatte: immer ihr Ziel, Ludwig XV. ins Bett und unter
Kontrolle zu bekommen, vor aller Augen, und das ohne jede Scham.
Was ihr als Nachfolgerin von Madame Pompadour auch gelang. Als
der *Roi* längst tot ist und die Schergen der Französischen Revolu-
tion die du Barry endlich in ihren Händen haben, fällt der letzte
Vorhang für die legendäre Rokoko-Heldin. Laut und schrill, als sei
sie ein einfaches Straßenmädchen. Genau das war sie auch: ein einfaches Straßenmädchen, das sich raffiniert und zielstrebig ganz nach
oben geschlafen hatte.

9_ Die versteckte Mutter von Prinz Philip

Die geheimnisvolle Schwiegermutter der Queen

Sie wird in Windsor Castle geboren, wo heute ihre Schwiegertochter residiert. Deren Urgroßmutter Königin Victoria, die zugleich die Urgroßmutter ihres Mannes Philip war, ist zugegen, als die kleine Alice geboren wird und ihren ersten Schrei in die royale Welt macht. Eine Welt, mit der die Prinzessin von Battenberg zeit ihres langen Lebens kaum etwas anzufangen weiß. Vielleicht liegt es daran, dass sie taub ist. Vielleicht daran, dass die Ehe mit Prinz Andreas von Griechenland und Dänemark alles andere als glücklich ist und dieser die kränkelnde Alice früh alleinlässt mit den fünf Kindern. Das Nesthäkchen ist der kleine Philip, der ganze Stolz der Mama. Genau dieser Philip ist es, der 1947 Elisabeth, die künftige Queen von England, heiraten wird!

Nach der Flucht aus Griechenland 1921 ins Exil nach Paris, die der kleine Philip schlafend in einer Orangenkiste erlebt, wird Alice von Battenberg immer sonderbarer. »Meine arme Alice befindet sich in einem abnormalen Zustand. Sie hat Visionen von Christus, und es wird ihr gesagt, dass sie bald eine Botschaft an die Welt überbringen muss«, schreibt ihre besorgte Mutter Viktoria von Hessen-Darmstadt. Die Ärzte stellen eine paranoide Schizophrenie fest, da ist ihr Sohn Philip gerade mal acht Jahre alt. Für den späteren Prinzgemahl der Queen beginnt ein Leben bei Verwandten und in wechselnden Internaten, da sein Vater in Monaco ihn nicht aufnehmen will. Was dem Prinzen von da an fehlt, ist die Liebe seiner Mutter.

Die legt 1948 alle royalen Titel ab und gründet in Griechenland einen Nonnenorden. Nach dem Militärputsch 1967 muss Alice das Land erneut verlassen und findet ihre letzte Heimat in ihrer Geburtsstadt London. Im Buckingham Palace lebt sie noch anderthalb Jahre zurückgezogen mit dem Menschen unter einem Dach, der ihr immer am nächsten war: ihr Sohn Philip. Am 5. Dezember 1969 stirbt Alice von Battenberg dort mit 84 Jahren.

10 Der Tod von Prinz Johan Friso

Der Schmerz einer royalen Mutter

Das Gesicht der Mutter ist schmerzverzerrt und maskenhaft, die einstige Königin geht den wohl schwersten Gang ihres langen royalen Lebens. Beatrix der Niederlande, die seit einem halben Jahr Prinzessin Beatrix heißt, trägt ihren Sohn Johan Friso zu Grabe – und die Welt leidet mit. Die Glocken der Kapelle auf dem Friedhof im kleinen Ort Lage Vuursche bei Utrecht läuten, als die Königsfamilie an diesem 16. August 2013 den Bruder des neuen Monarchen Willem-Alexander auf seinem letzten Weg begleitet.

Der 44-jährige Johan Friso war vier Tage zuvor im Huis ten Bosch gestorben. Dorthin hatte man ihn gebracht, »um den Sommer mit seiner Familie zu verbringen«, so der Palast. 18 Monate zuvor war der begeisterte Skiläufer im österreichischen Lech von einer Lawine verschüttet worden und hatte 25 Minuten unter den Schneemassen gelegen. Der mittlere Sohn von Ex-Königin Beatrix hatte irreparable Hirnschäden davongetragen. Der Mann von Mabel und Vater der damals achtjährigen Luana und der ein Jahr jüngeren Zaria war nicht wieder aus dem Koma erwacht.

Dass der Friedhof so nah am Alterswohnsitz seiner Mutter liegt und der Prinz nicht traditionell in Delft beigesetzt wird, ist kein Zufall. Und dass es kein Staatsbegräbnis ist, auch nicht. »Die königliche Familie hofft, dass ihre Privatsphäre respektiert wird«, hatte der Palast gebeten. Und das wurde sie. Alle Royals tragen Schwarz, Johan Frisos Mädchen und die Töchter des Königspaares haben weiße Sommerkleider an. Alle halten sich an den Händen und betreten gemeinsam den Friedhof. Viele Niederländer hatten Blumen und Briefe am Friedhofstor abgelegt, und unzählige kleine Sträuße waren an den königlichen Residenzen abgegeben worden. Die Fahnen wehen an diesem Tag auf Halbmast, ein ganzes Land nimmt Abschied von einem Prinzen, der sich selbst einmal als »Reservekönig« bezeichnet hatte.

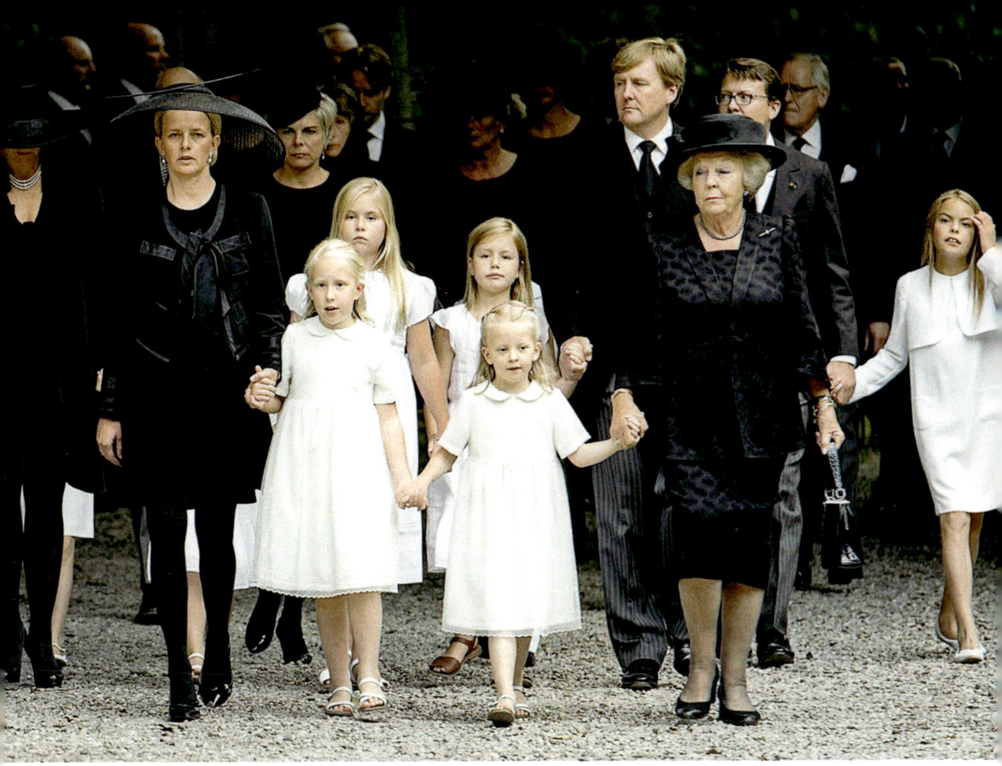

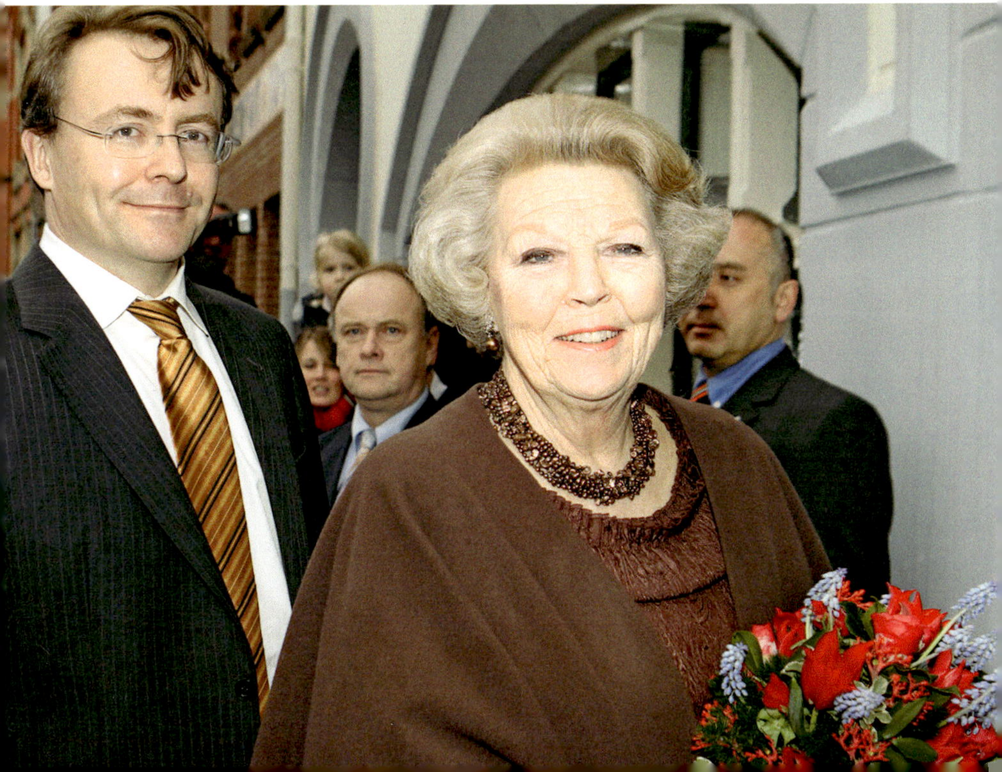

11 Der Monarch, der Joseph Ratzinger war

Wir alle sind Papst

Am Mittwochmorgen des 20. April 2005 werden wir alle royal, werden wir alle geadelt, denn die größte deutsche Tageszeitung bringt es – gewohnt platt – auf den Punkt: »Wir sind Papst!«, titelt die »Bild-Zeitung« und zeigt das Foto von Kardinal Joseph Ratzinger, der am Abend zuvor in Rom als Papst Benedikt XVI. ausgerufen worden war. »Habemus Papam!«, schallte es über den Petersplatz, nachdem weißer Rauch aus dem Schornstein der Sixtinischen Kapelle aufgestiegen war. Der erste deutsche Papst nach 482 Jahren, die Nummer 265 in der langen Liste der Bischöfe Roms, der einflussreichste Gelehrte der römisch-katholischen Kirche wird deren Oberhaupt und Staatchef des kleinsten Landes der Welt, des Vatikanstaats. Benedikt XVI. ist nun Herrscher über etwa tausend Einwohner, sein irdisches Reich umfasst die Fläche von nur 0,44 Quadratkilometern.

Und was hat die Geschichte in diesem Buch verloren, fragen Sie sich jetzt? Sehr viel, denn der Vatikan ist juristisch auch eine Monarchie, eine Wahlmonarchie, um genau zu sein. Und davon gibt es auf der ganzen Welt derzeit nur fünf: neben dem Vatikan noch Malaysia, Kambodscha und die Vereinigten Arabischen Emirate. Andorra ist zumindest eine halbe Wahlmonarchie, denn einer der beiden Co-Fürsten wird vom französischen Volk bei der Präsidentenwahl bestimmt, der andere ist der Bischof von Urgell. Spannend beim Vatikan ist, dass nicht die Bürger des Zwergstaates, sondern die mehr als hundert Kardinäle aus der ganzen Welt beim Konklave in Rom ihren »Primus inter Pares« wählen. Ein Monarch auf Lebenszeit.

Unser aller royales Leben, denn wir waren ja jetzt Papst, dauert bis zum 28. Februar 2013. Da legt der ehemalige Kardinal Ratzinger aus Bayern seine Tiara, die traditionelle Papst-Krone, nieder und erklärt seinen Amtsverzicht. Benedikt ist erst der zweite Papst, der das freiwillig tut. Gesundheitliche Gründe hatten ihn zum Rückzug bewegt.

12__Der tapfere Stellvertreter des Königs

Doch die Liebe muss warten

Es gibt sie wirklich, Menschen, die ihr ganzes Leben in den Dienst der Krone stellen. Ganz oft verbunden mit Herzensentscheidungen, die die Monarchie am Leben halten, die eigene Liebe aber an den Rand des Scheiterns bringen. Daran musste ich denken, als Carl XVI. Gustaf von Schweden am 28. März 2021 den Namen seines achten Enkelkindes verkündete. Das Söhnchen von Prinz Carl Philip und seiner Sofia heißt Julian und ist neuer Herzog von Halland, einer Provinz an Schwedens Westküste.

Der letzte Herzog von Halland war Prinz Bertil, der Patenonkel von Carl Philip. Als Bertil 1912 geboren wird, ist er weit entfernt vom schwedischen Thron. Dachte er auch noch, als er 1943 die Liebe seines Lebens kennenlernt. Doch eine Ehe mit der Bürgerlichen Lilian Craig, die zudem noch verheiratet war, hätte bedeutet, dass Bertil aus der Thronfolge ausscheidet; so streng war das Hausgesetz der Bernadottes. Also bittet er Lilian um etwas Geduld. Doch 1947 kommt sein älterer Bruder, der Erbprinz, bei einem Flugzeugabsturz ums Leben. Dessen einziger Sohn, der jetzige König Carl XVI. Gustaf, ist da erst ein Jahr alt! Sein Onkel Bertil stellt die Pflicht über das Herz und entscheidet sich, die Regentschaft für den Kinderkönig zu übernehmen. Und Lilian bleibt treu an seiner Seite – als seine Haushälterin.

Erst nach der Hochzeit seines Neffen mit Königin Silvia bittet Bertil um Erlaubnis, die Liebe seines Lebens auch heiraten zu dürfen. 1976, mehr als drei Jahrzehnte, nachdem diese royale Lovestory begonnen hatte, sagen der treue Prinz und die charismatische Lilian endlich Ja zueinander, im Beisein von König und Königin. Prinzessin Lilian, die Herzogin von Halland, ist bis zu ihrem Tod 2013 Kronprinzessin Victorias wichtigste Ratgeberin. Ihr Bertil war bereits 1997 im Alter von 85 Jahren gestorben. Mit Prinz Julian, dem neuen Herzog von Halland, lebt dieser schwedische Held nun aber weiter.

13 Der »Eiserne Reichskanzler«

Der Mann, der Deutschland erschuf

Weit über 600 Straßen, Plätze und Alleen sind aktuell in Deutschland nach von Otto von Bismarck benannt, dem Reichskanzler unter drei Hohenzollern-Kaisern, der das Deutsche Reich erschuf. Und der damit Fluch und Segen zugleich über unser Land und seine Menschen brachte. Es ist der 18. Januar 1871 im Spiegelsaal von Versailles, dort, wo einst Sonnenkönig Ludwig XIV. seinen Hofstaat um sich versammelte. Otto von Bismarck ruft nach drei blutigen Kriegen das Deutsche Reich aus, »im Bewusstsein, den Frieden zu wahren«, wie er sagt. Baden, Württemberg, Bayern und Süd-Hessen treten bei, Frankreich verliert Elsass-Lothringen, womit der Keim der Erbfeindschaft zwischen Berlin und Paris endgültig gesät ist.

Nach außen sah es so aus, Preußenkönig Wilhelm I. habe über die ihm vom bayerischen Kollegen Ludwig II. angetragene Kaiserkrone gejubelt und sei vor Stolz geplatzt. Ist er aber nicht! Denn der gerissene Reichskanzler hatte den Monarchen quasi dazu gezwungen: »Morgen ist der unglücklichste Tag meines Lebens«, notiert der König von Preußen vor seiner Krönung zum Deutschen Kaiser. Bismarck ist am Ziel seines Lebenstraumes. Nicht der Monarch, sondern er, der Stratege und Visionär, Bismarck ist der starke Mann im Staat. Für den machtbesessenen, trinkfreudigen Mann aus altem Adel hat Politik »die ausschließende Anziehungskraft, wie das Licht auf eine Mücke«, schreibt er. Und Bismarck liebte das Licht! Je heller, desto besser.

Deutschland wird modern und stark, aber immer gefährlicher für seine Nachbarn. Und das Licht wird für Otto von Bismarck nach einigen erfolgreichen Jahren immer dunkler. 1890 schmeißt ihn Kaiser Wilhelm II. raus, schenkt ihm den Titel eines Herzogs und ist froh, den unbequemen Kanzler endlich los zu sein. Nicht ahnend, dass Bismarcks historisches Meisterwerk, das Deutsche Reich, nur zwei Jahrzehnte später im Feuersturm des Ersten Weltkrieges untergehen würde.

14__Die Tee-Königin

Eine Fledermaus für den Regenten

Die Spannung steigt: Gleich sieht Karl II. seine Frau zum ersten Mal. Die Heirat des englischen Königs mit der portugiesischen Prinzessin Katharina von Braganza war bereits vor 17 Jahren vereinbart worden, damit das junge Königreich Portugal nicht von den benachbarten Spaniern kassiert wird. Die schüchterne Braut aus dem Süden erreicht mit großem Gefolge am 13. Mai 1662 den englischen Hafen Portsmouth und blickt dem stattlichen König ins Gesicht. Der zuckt kurz und sagt laut: »Mein Gott, sie haben uns eine Fledermaus geschickt anstelle einer Frau!« Nur gut, dass Katharina von Braganza kein Englisch versteht. Es war wohl die damals in Portugal typische Haarmode, die den König spontan so verschreckt hatte.

Ebenfalls überliefert ist die Bitte der katholischen Braut nach einem Tässchen Tee, um sich von den Strapazen der langen Reise zu erholen. Die schroffe Antwort des zukünftigen Gatten lautet: »In England trinken wir keinen Tee. Vielleicht würde ein Bier reichen?« Tatsächlich trinkt der englische Adel zu dieser Zeit Bier: morgens, mittags und abends. Für die in einer Klosterschule aufgewachsene Tochter des Königs von Portugal undenkbar. Zum Glück hat Katharina eine edle Dose mit feinsten Teeblättern in ihrem Gepäck. Dazu bringt sie die großen Städte Tanger und Bombay, Handelsprivilegien für Brasilien und ganz Ostindien sowie 300.000 englische Pfund als Mitgift in die arrangierte Ehe ein – in der Katharina ihren Mann allerdings mit unzähligen Mätressen teilen muss.

Doch der Tee ist das eigentliche Juwel. Die niemals gekrönte Königin macht daraus ein In-Getränk und etabliert die nachmittägliche Teatime am Hof. Chinesischer Tee wird in großen Mengen über Indien nach England eingeführt. Nach dem Tod ihres Mannes verlässt Katharina England wieder und geht zurück nach Portugal. Ihr Tee bleibt und ist heute aus der britischen Gesellschaft nicht mehr wegzudenken.

15 Die Hochzeit mit Prinz Charles

Vom Rottweiler zur Kämpferin

Während ich dieses Kapitel des Buches schreibe, steht sie vor mir, die schon etwas verblichene Souvenirtasse, die ich von der Hochzeit in Windsor mitgebracht habe. »To commemorate the marriage of Charles, Prince of Wales to Camilla, Duchess of Cornwall on the 8th April 2005«, steht dort, dazu die britische Flagge und zwei sympathische Fotos der nicht mehr ganz so jungen royalen Turteltäubchen. Diese Tasse hat Seltenheitswert: Denn wegen der Beisetzung von Papst Johannes Paul II. in Rom hatten Charles und Camilla ihre Hochzeit um einen Tag, also auf den 9. April 2005, verschieben müssen. Doch was ist schon ein Tag, wenn man bereits 35 Jahre lang darauf wartet, endlich zur großen Liebe »Yes« sagen zu dürfen?

Als beide Anfang der 1970er Jahre merken, dass sie perfekt füreinander sind, dürfen sie nicht heiraten, nach dem Tod von Prinzessin Diana 1997 können sie nicht heiraten, und jetzt wagen sie das Abenteuer, das zähneknirschend auch von der Queen genehmigt wurde, allerdings ohne kirchliche Trauung und nur in ganz kleinem Rahmen. Zumindest die Sonne strahlt mit der Braut um die Wette, als sie zur Mittagszeit das Standesamt auf der High Street am Arm von Charles verlässt. Ihr Hut aus hellen Federn verbreitet eine Leichtigkeit, so als wolle sie sagen: »Ich hab's geschafft!«

Sie war die meistgehasste Frau im Königreich, Diana-Fans gaben ihr die Schuld, dass die Ehe mit Charles scheiterte, von Diana bekam Camilla auch den bösen Spitznamen »der Rottweiler«. Wehren konnte sie sich nicht. Selbst zur Hochzeit 2005 habe ich Worte wie »Pferdegesicht« oder »Vogelscheuche« gelesen und vor Ort gehört! Zu ihrem 70. Geburtstag 2017 gibt die starke Frau einen privaten Einblick in ihr damaliges Seelenleben: »Ich wünsche dies nicht einmal meinem ärgsten Feind«, so Camilla. Zu William und Harry soll sie gesagt haben: »Meine einzige Schuld war, dass ich euren Vater so liebe.«

16___Der Seitensprung
Eine Ohrfeige für die Königin

Im Musikvideo zu ihrem größten Hit trägt die Sängerin der Pop-band Army of Lovers 1991 eine fette Krone, hat die Schlauch-bootlippen megarot geschminkt und ihr Bandkollege Jean-Pierre Barda räkelt sich in einer Palastkulisse vor einem »Edelmann« in der Badewanne. Camilla Henemark trägt ein geschlitztes Rokoko-Kostüm in unschuldigem Weiß, das die rosa Plastikrose im Schritt noch besser zur Geltung bringt. Zuerst fährt die Kamera auf das Gemälde »Allegorie der Liebe« im Hintergrund, dann auf ein Porträt des jungen Schweden-Königs Carl XVI. Gustaf. Der Song heißt »Crucified«. Öffentlich gekreuzigt wird der Monarch aber erst fast 20 Jahre später, als seine Affäre mit der sexy Sängerin publik wird.

Im November 2010 erscheint in Schweden die umstrittene Biografie »Der widerwillige Monarch« von Thomas Sjöberg über den bislang unantastbaren König. Der ist gerade auf Elchjagd, als sein Volk von angeblichen Besuchen in Sex- und Stripclubs und von der Affäre mit Camilla Henemark erfährt. Spontane Pressekonferenzen sind nicht so das Ding des Monarchen, der den nachgereisten Reportern eigene Fragen verbietet. »Das, was passiert ist, ist lange her«, so der Royal kurz angebunden. »Ich habe mit Königin Silvia darüber gesprochen, und wir sind uns einig, nicht mehr in der Vergangenheit zu kramen.« Sagt's und verschwindet.

Seine Ex-Geliebte erzählt daraufhin freimütig von freizügigen Partys: »Etwas schlüpfrig darf es bei mir gerne sein«, so die damals 46-Jährige. »Ich war verliebt. Wir haben die Sinnlosigkeit einfach weggelacht«, so Henemark in der Zeitung »Expressen«. »Er ist so süß.«

Das Boulevard bebt wochenlang, und nur eine schweigt tapfer. Die öffentlich erniedrigte und betrogene Königin Silvia. Die vielleicht ja von den Eskapaden ihres untreuen Mannes gewusst hat. Vielleicht, denn das bleibt ihr Geheimnis, bis heute. Auch, ob die so Gedemütigte ihrem royalen Mann je verziehen hat.

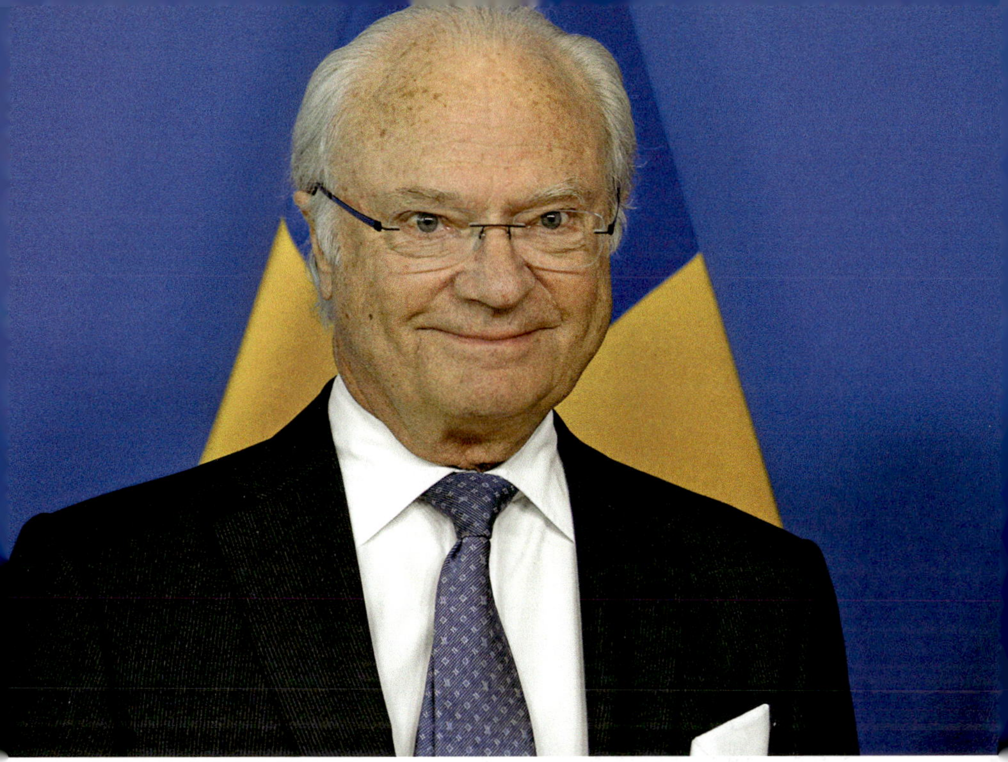

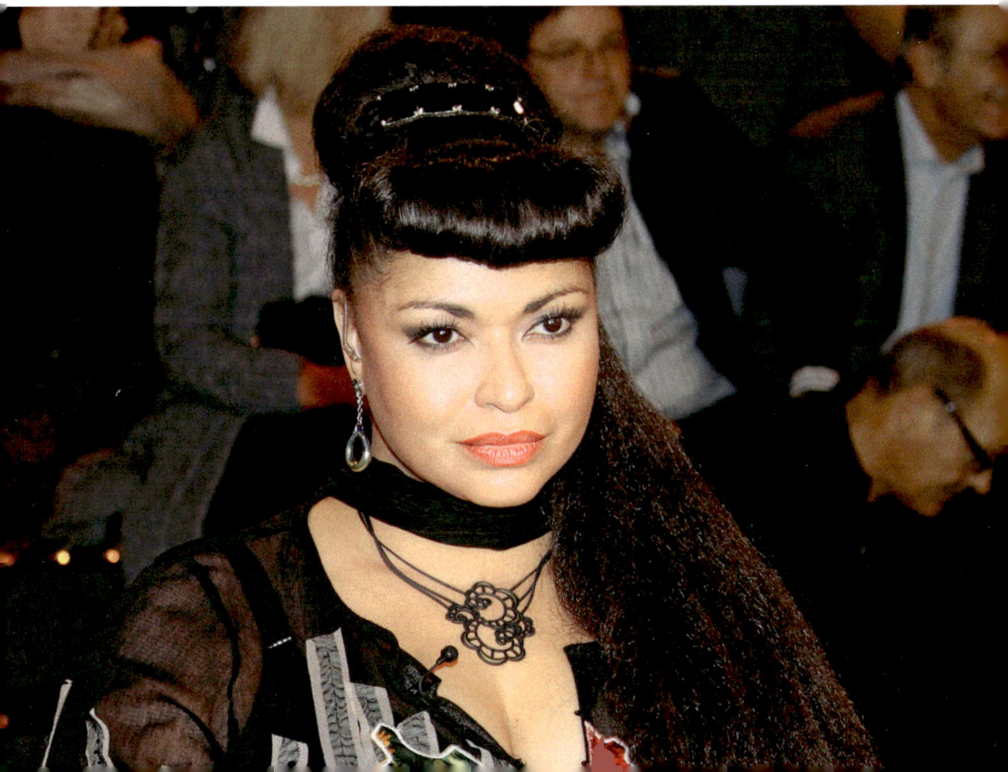

17 Der Unfalltod von Stefano Casiraghi

Krönchen richten und weitergehen …

Die hübsche Prinzessin hat in ihrem Leben viele Frösche küssen müssen, aber nur ein einziges Mal verwandelt sich einer tatsächlich in einen Prinzen. Caroline von Monaco lernt ihre große Liebe Stefano Casiraghi kennen, da hat sie sich bereits nach nur zwei Jahren Ehe vom französischen Finanzmakler Philippe Junot getrennt und sogar den Papst gebeten, diese Heirat nachträglich zu annullieren. Die junge Prinzessin hatte dem Playboy mehrfachen Ehebruch vorgeworfen, genau wie er ihr! Zudem war 1982 Fürstin Gracia Patricia tödlich verunglückt, und Caroline hatte mit gerade mal 25 Jahren plötzlich die Rolle der Landesmutter übernehmen müssen.

Am 29. Dezember 1983 heiraten Caroline und Stefano Casiraghi standesamtlich im Fürstenpalast. Der italienische Unternehmersohn ist megareich, sieht blendend aus und hat ein Faible für schnelle Boote. Drei bezaubernde Kinder krönen in den kommenden Jahren das skandalfreie Familienglück. Bis zum schwärzesten Tag im Leben der Prinzessin, dem 3. Oktober 1990. Vor der Küste Monacos kommt Stefano Casiraghi beim Versuch, seinen WM-Titel im »Offshore Powerboat Racing« zu verteidigen, ums Leben. Bei starkem Seegang war die weiß-rote »Pinot di Pinot« des 30-Jährigen bei 180 Stundenkilometern gekentert. Carolines Mann stirbt an den Folgen innerer Verletzungen.

Bei seiner Beisetzung ist die Prinzessin, mit schwarzem Schleier und großer Sonnenbrille, nur noch ein Schatten ihrer selbst. Sie klammert sich an ihren Vater und ihren Bruder, Prinz Albert. Die drei kleinen Kinder sind zu Hause geblieben. Andrea, Charlotte und Pierre sind es, die Caroline jetzt brauchen. Die heutige Prinzessin von Hannover zieht mit ihnen nach Südfrankreich, um ihrem Nachwuchs ein normales Leben zu ermöglichen. Und irgendwann gibt es dann auch wieder Frösche in ihrem Leben – aber das ist eine andere Geschichte.

18__Die starke Thronfolgerin

Im Fadenkreuz von Cybermobbing

Als Willem-Alexander der Niederlande im Frühjahr 2013 seinen drei Töchtern erzählt, dass er am 30. April die Krone von Oma Beatrix übernehmen werde, um selbst König zu werden, fragt seine Älteste, Catharina-Amalia: »Okay, Papa. Und wie lange willst du den Job dann machen?« So als müsse die damals Neunjährige frühzeitig ihr eigenes Leben danach ausrichten, wann sie selbst dann endlich Königin werden darf. Catharina-Amalia ist ein starkes Mädchen, das inzwischen zu einem sehr selbstbewussten Teenager herangewachsen ist. Immer im Bewusstsein, die lange Tradition der starken Frauen auf dem Oranje-Thron fortsetzen zu wollen. Aber der Weg dahin ist steinig.

Amalia, wie die Kronprinzessin genannt wird, ist 13, die Pubertät hat begonnen, ihr Körper entwickelt sich, und sie trägt eine Zahnspange, da muss das Mädchen eine fiese Mobbing-Attacke im Netz über sich ergehen lassen. Während jeder normale Teenager diese doofe Zeit zu Hause im Kinderzimmer erlebt, geschieht das bei der Thronfolgerin öffentlich. Und auf eine verletzende Art, wie es sie bei einem jungen Royal so noch nie gegeben hat. Im Internet muss das Mädchen brutale Kommentare und böse Witze lesen, von denen »Prinzessin Übergewicht« noch die harmloseste Beschimpfung ist. Königin Máxima versucht natürlich, ihre Tochter zu trösten, und auch Amalias Patentante, Kronprinzessin Victoria von Schweden, die mit 19 Jahren selbst an Essstörungen litt, findet liebevolle Worte. Doch der Stachel sitzt tief, Cybermobbing kann Menschen zerstören.

Und da präsentiert die niederländische Tageszeitung »De Telegraaf« die für mich schönste Geschichte des Jahres 2017: »Du bist Prinzessin Sonnenschein«, schreibt das Blatt in einem offenen Brief mit einem Foto der künftigen Königin. »Du bist das schönste Mädchen im ganzen Land.« Wie wunderbar, wie wahr und wie heilsam das gewesen sein muss, ist mit Worten nicht zu beschreiben.

19___Die Krönung zum Prince of Wales

Der ewige Thronfolger

Es hat ein bisschen was von »Game of Thrones«: Alle Würdenträger des Reiches haben sich im Innenhof des mittelalterlichen Caernarfon Castle im fernen Wales versammelt, als ein junger Mann – sichtbar nervös – den Gang zu seiner Krönung antritt. Alle Augen ruhen auf dem künftigen Prince of Wales in Gardeuniform, das Fernsehen überträgt live. Die Zuschauer sehen den strengen Blick der Landes- und Prinzenmutter und halten den Atem an. Die Königin trägt zur Feier des Tages ein hellgelbes Ensemble aus Mantel und Hut und weiß, wie aufgeregt ihr »kleiner Charles« ist. Auf dem geschmückten Podest angekommen, kniet der Thronfolger vor Elisabeth II. nieder. Die Queen legt ihm ein vergoldetes Schwert um und setzt dem damals 20-Jährigen eine goldene Krone auf. Dann überreicht sie dem künftigen König ein Zepter und legt ihrem Ältesten noch einen mit Hermelin besetzten Krönungsmantel um.

Während die Mutter am goldenen Verschluss fummelt, lächelt Charles ihr schüchtern zu, mit einem Blick von unten nach oben, mit dem später seine Frau Diana in die Geschichte eingehen wird.

»Ich, Charles, der Prince of Wales, werde hiermit Euer Lehnsmann für Leib, Leben und irdische Anbetung, voller Glauben und Wahrhaftigkeit.« Die Fanfare ertönt, und die Königin haucht ihrem Sohn einen leichten Kuss auf die Wange. »Nun, ich habe das Gefühl, dass es eine sehr beeindruckende Zeremonie ist«, sagt der gekrönte Thronfolger in einem Interview. »Ich weiß, vielleicht würde man denken, es wäre ziemlich unangebracht, aber ich denke, es kann eine Menge bedeuten.«

Dass es aber bedeutet, noch über 50 Jahre darauf zu warten, bis aus dem Prince of Wales der »King of The United Kingdom of Great Britain and Northern Ireland« wird, das hätte sich der König in Wartestellung an diesem sonnigen 1. Juli 1969 gewiss nicht vorstellen können.

20 Das Verlobungsinterview

Der Anfang vom Ende

Es gibt Sätze für die royale Ewigkeit. Von hochrangigen Blaublütern öffentlich gesprochen, beginnen sie oft mit »Ich schwöre …« und enden mit »… so wahr mir Gott helfe!«. Prinz Charles, der künftige König von Großbritannien, musste nicht erst schwören, dass er den Satz, den er vor laufenden Kameras sagte, ernst meint. Sehr ernst sogar. Und Lady Diana Spencer an der Seite des Prince of Wales konnte wohl niemand mehr helfen, an diesem 24. Februar 1981. Es war einfach zu spät!

Die Queen hatte voller Stolz die Verlobung ihres Ältesten bekannt gegeben und die Presse eingeladen, das junge Glück zu dokumentieren und die frohe Kunde in die Welt hinauszutragen. Diana hatte sich die weiße Schluppenbluse und das blaue Kostüm angezogen, war nervös und reizend zugleich. Völlig verständlich, wurde es doch jetzt für die damals erst 19-Jährige so richtig ernst. »Sind Sie verliebt?«, fragt plötzlich ein Reporter den Mann ihrer Mädchenträume. Diana schaut ihren Bräutigam mit ihrem scheuen Blick von unten nach oben an, hofft und hört: »Was auch immer Verliebtsein bedeutet.« Pause! Diana kann nicht glauben, was sie da hört. »Die Interpretation überlasse ich Ihnen«, fügt Prinz Charles noch kichernd hinzu und schaut jovial auf das unschuldige Mädchen hinunter, das schon bald vor den Augen der Welt seine Frau werden sollte. »Was auch immer Verliebtsein bedeutet!« Auf diesen Satz hatte Diana damals noch keine Antwort, später schon! Und so platzt es aus ihr heraus: »Natürlich sind wir das.« Wieder Pause! Eine zu lange Pause, denn auch die Reporter verarbeiten erst jetzt, womit sich der Thronfolger gerade ins Abseits geplaudert hat.

Viel später, bei geheimen Aufnahmen mit ihrem Sprachtrainer, verrät Diana, die Antwort von Charles habe sie »komplett umgehauen und total traumatisiert«. »Was auch immer Verliebtsein bedeutet.« Zumindest nicht das, worauf eine glückliche Zukunft aufgebaut werden kann.

21__Die Geheimnisvolle
Eine royale Kämpferin für Frauenrechte

Sie ist eine Exzentrikerin, eine Revoluzzerin, eine Kämpferin: Christina von Schweden. Eine Frau, die sich nicht von Männern beherrschen lassen will. Eine Monarchin, die heiraten soll, um die Dynastie fortzuführen. Doch Christina will nicht: »Ich könnte es nicht ertragen, wenn ein Mann mich so gebrauchte wie der Bauer seine Felder«, schreibt sie. Lesbisch? Eher nein, offen für vieles und viele, polyamourös, würde man heute sagen, damals gilt die Königin einfach nur als verrückt und unberechenbar.

Alles andere als trocken wie Knäckebrot, war die Wasa-Königin eine lebens- und liebeshungrige Frau: »Ihre Einstellung geschlechtlichen Dingen gegenüber (war) so großzügig wie die eines ungehobelten Landsknechts«, schreibt Veronica Buckley in einer Biografie. »Sie liebte anstößige Schauspiele und vulgäre Witze.« Die Königin selbst schreibt: »Ich verachtete alles, was zu meinem Geschlecht gehörte, Sittlichkeit und Schicklichkeit.«

Als ihr Vater Gustaf Adolf stirbt, ist Christina erst fünf und »nur« ein Mädchen. Ein Mädchen, das als Junge erzogen und so zum Thronfolger geschliffen werden soll. Das Regieren übernimmt der Reichskanzler. Volljährig geworden, wird Christina zur Kunstsammlerin und Friedenspolitikerin, die für Schweden den Dreißigjährigen Krieg beendet. Bis zu diesem besonderen Tag, dem 16. Juni 1654. Nicht nur, dass die 27-Jährige nach zehn Jahren auf dem Thron die schwedische Krone niederlegt. Nein, die Protestantin konvertiert sogar zum katholischen Glauben und wird vom Papst für diesen royalen Affront gefeiert.

Die nächsten 35 Jahre verbringt Christina, die sich später Maria Alexandra nennt, an verschiedenen Höfen, ist ständig pleite, verstrickt sich in politische Scherereien und private Liebeleien und stirbt – natürlich unverheiratet – mit 62 Jahren am 19. April 1689 in Rom. Eine Skandal-Königin mit Klasse, 1933 im Kinofilm verkörpert von der Schwedin Greta Garbo.

22__Die uneheliche Tochter des Ex-Königs

Plötzlich Prinzessin durch Gerichtsurteil

Es ist ein emotionales Erdbeben, das im Sommer 2020 das kleine Königreich Belgien erschüttert, ein Land, von dem viele Menschen gar nicht wissen, dass es dort einen König gibt. Der heißt Philippe, und er hat seit dem 1. Oktober 2020 eine neue Schwester, eine Halbschwester, um genau zu sein. Das Kind aus einer Liebesbeziehung seines alten Vaters mit einer belgischen Baronin. Der untreue Papa, der spätere König Albert II., und Sybille de Sélys Longchamps hatten eine längere Affäre, beide waren verheiratet, und beide beschlossen, das Mädchen, das 1968 auf die Welt kommt, vom Hof und dem damaligen Prinzen – zumindest öffentlich – so weit wie möglich fernzuhalten.

Doch Belgien ist ein Dorf, und als 1999 in einer Biografie über die kleine Delphine Boël geschrieben wird, bricht der Monarch alle Brücken zu ihr ab. Bis dahin hatte Albert II. ein gutes Verhältnis zu seiner unehelichen Tochter. Einer Tochter, die von ihm nun als Bastard abgestempelt wird! Wie brutal für die Frau, die erfolgreich als Künstlerin arbeitet und selbst zwei Kinder hat. 2012 beginnt Delphine Boël ihren Kampf vor Gericht. Es geht ihr um Anerkennung, nie um Erbansprüche oder Zahlungen. Erst als 2018 das Brüsseler Berufungsgericht den inzwischen zurückgetretenen König zu einem DNA-Test verdonnert und – bei einer Weigerung – ein Zwangsgeld von 5.000 Euro pro Tag festsetzt, muss der Monarch klein beigeben.

»Ein langes und schmerzhaftes Verfahren geht zu Ende«, sagt Neu-Prinzessin Delphine von Belgien unter Tränen, als das Urteil bekannt gegeben und sie als Tochter des Ex-Königs anerkannt wird. Und dann der Satz, bei dem jeder merkt, wie ehrlich es Ihre Königliche Hoheit mit dem neuen Nachnamen »von Sachsen-Coburg und Gotha« immer gemeint hat: »Ein gerichtlicher Sieg ersetzt niemals die Liebe eines Vaters.« Der hat Delphine inzwischen mehrmals getroffen, genau wie sein Sohn und ihr Halbbruder, der König der Belgier.

23__Das Rachekleid
Wenn Mode zur Waffe wird

Schon lange bevor sie zur »Königin der Herzen« avancierte, war Prinzessin Diana die meistfotografierte Frau ihrer Zeit. Das lag zum einen an ihrer natürlichen Schönheit, dem ungestellten Lächeln und ihrer Freude an öffentlichen Auftritten. Es lag aber auch daran, dass die Frau des Thronfolgers zu einer Mode-Ikone geworden war. Prinz Charles wurde bei Events zugerufen, er solle kurz aus dem Weg gehen, damit die Fotografen das perfekte Bild von seiner Frau schießen konnten. Was ihr natürlich schmeichelte und ihm, dem künftigen König, so gar nicht gefiel.

Diana war, würde man heute sagen, eine royale Influencerin geworden. Was sie trug, wurde millionenfach imitiert, Schulterpolster, Baskenmützen, Strumpfnähte hielten durch sie auch Einzug in deutsche Kleiderschränke. Ebenso Accessoires, wie der Buchstabe »D« an einer dünnen Halskette, zwei Uhren am Handgelenk oder Brillen ohne Glasstärke. Mode war das Ding des jungen Dings, einer Prinzessin, deren Lektüre ausschließlich aus Frauenzeitschriften und Modejournalen bestand. Diana liebte Fashion, liebte es, sich dem Anlass entsprechend zu (ver-)kleiden und damit auch öffentlich Zeichen zu setzen. Unvergessen ist die rote Schleife an ihrem Ballkleid zum Welt-AIDS-Tag. Das war keine Show, das war wirklich Dianas Herzensangelegenheit.

Am 27. Juni 1994 benutzt Diana ihre Mode auch als Waffe gegen ihren Gatten, der am gleichen Abend in einer groß angekündigten TV-Dokumentation über seine Liebe zu Camilla Parker Bowles spricht. Als seine betrogene Ex-Frau in diesem schulterfreien schwarzen Hauch von Nichts von Designerin Christina Stambolian aus dem Auto steigt, ist klar, wer am kommenden Tag auf allen Titelseiten stehen wird. Nicht der untreue Thronfolger, sondern die begehrenswerte Diana in hochhackigen Schuhen, mit rot lackierten Fingernägeln, in einem Outfit, das später als »Das Rachekleid« in die royale Mode-Geschichte eingehen sollte.

24_Das Panorama-Interview

»Wir waren zu dritt in dieser Ehe«

23 Millionen Menschen halten den Atem an: »Wir waren zu dritt in dieser Ehe«, sagt Prinzessin Diana leise, »da wurde es etwas eng!« 23 Millionen Fernsehzuschauer hören ihre mädchenhafte Stimme, als die Noch-Ehefrau des künftigen Königs dessen charakterliche Eignung für die Krone deutlich in Frage stellt. Und sich selbst als unschuldiges Lamm präsentiert, das auf dem Altar der Monarchie geopfert werden soll: »Aber ich lasse mich nicht zum Schweigen bringen«, platzt es aus der damals 34-Jährigen raus. Und 23 Millionen Zuschauer sind an diesem Abend fassungslos über die tiefe Rache, die die Prinzessin da ungefiltert rauslässt. Das legendäre BBC-Interview ist nach der Trennung von Charles und Diana drei Jahre zuvor der erste Schritt zur offiziellen Scheidung, die auf Befehl der Queen ein Jahr später vollzogen wird.

Diana ist in dem Interview meisterhaft in Szene gesetzt: Sie trägt ein dunkles Sakko mit weißem Top, die Prinzessin hat heute deutlich mehr dunklen Kajal um die Augen aufgetragen und blickt von unten nach oben in die Kamera. Ihren Augenaufschlag hat sie vorher vor dem Spiegel geübt, der unterwürfige Blick und die mitunter brüchige Stimme runden das ab, was sie zur besten Sendezeit von sich gibt. Sie gesteht Martin Bashir ihre Bulimie und ihr Verhältnis zu Rittmeister James Hewitt. Und sie lässt keinen Zweifel daran, wie sehr sie Camilla Parker Bowles, die Nebenbuhlerin, hasst.

Im TV-Magazin »Panorama« werden an diesem 20. November 1995 Dinge in die Welt gesetzt, die auch heute noch Fragen aufwerfen, etwa ob James Hewitt nicht vielleicht doch der Vater von Prinz Harry ist? Seit dem 20. Mai 2021 und einer langen internen Untersuchung der BBC steht fest, dass Reporter Martin Bashir die Prinzessin mit gefälschten Dokumenten und Informationen angestachelt und sie so zu ihren krassen Aussagen gedrängt hat. »Ich würde gerne eine Königin der Herzen sein«, sagt die getäuschte Diana aufrichtig und glaubhaft. Und das hat sie definitiv geschafft. Bis heute.

25 Der Unfall in Paris

Die »Königin der Herzen« ist tot

Jede und jeder zwischen 40 und 100 weiß noch genau, wo sie oder er war am Wochenende des 30./31. August 1997, als Prinzessin Diana nach ihrem Unfall in Paris im »Hôpital de la Salpêtrière« starb. Ich war in Köln, als mein Chef mich von der Funkausstellung in Berlin, wo Axel Schulz gerade geboxt hatte, gegen zwei Uhr nachts anrief und fragte: »Bist du wach?« Meine Antwort: »Bist du betrunken, oder warum weckst du mich?« In dieser Nacht beginnt das größte royale Trauerspiel der Neuzeit, und bis heute ranken sich Verschwörungstheorien und Mythen um das dramatische Ende der »Königin der Herzen«.

Die Fakten: Der betrunkene Fahrer Henri Paul verliert auf der Flucht vor einer Horde Paparazzi auf Motorrädern im Tunnel unter der Pont d'Alma die Kontrolle über den schwarzen Mercedes und kracht mit 110 Stundenkilometern gegen den 13. Brückenpfeiler. Es ist 00:23 Uhr. Der Fahrer und Dianas Freund Dodi Al-Fayed sind sofort tot, ihr Leibwächter und die Prinzessin selbst sind schwer verletzt. Sie war nicht angeschnallt. Für alle zum Teil höchst abstrusen Spekulationen gibt es weder Indizien noch Belege. Weder haben die Queen oder der Geheimdienst die Tötung in Auftrag gegeben, noch waren die Bremsen defekt. Auch war die Prinzessin nicht schwanger. Das einzige Puzzleteil, das bis heute fehlt, ist der weiße Fiat Uno, den Augenzeugen gesehen haben wollen und der Dianas Wagen touchiert haben könnte. Obwohl die Polizei 3.000 Fahrer überprüft, bleibt der Fiat verschwunden – wenn es ihn denn überhaupt gegeben hat!

Ich bin sicher, es war ein tragischer Unfall, und Diana könnte heute noch leben, wenn sie nicht heimlich aus dem Hintereingang des »Hôtel Ritz« geschlichen wäre. Alle Fotografen wollten nur ein Foto des Paares! Wären sie ganz normal durch den Vordereingang gegangen, hätte es diese wilde Verfolgungsjagd nie gegeben, und Diana hätte 2021 ihren 60. Geburtstag feiern können.

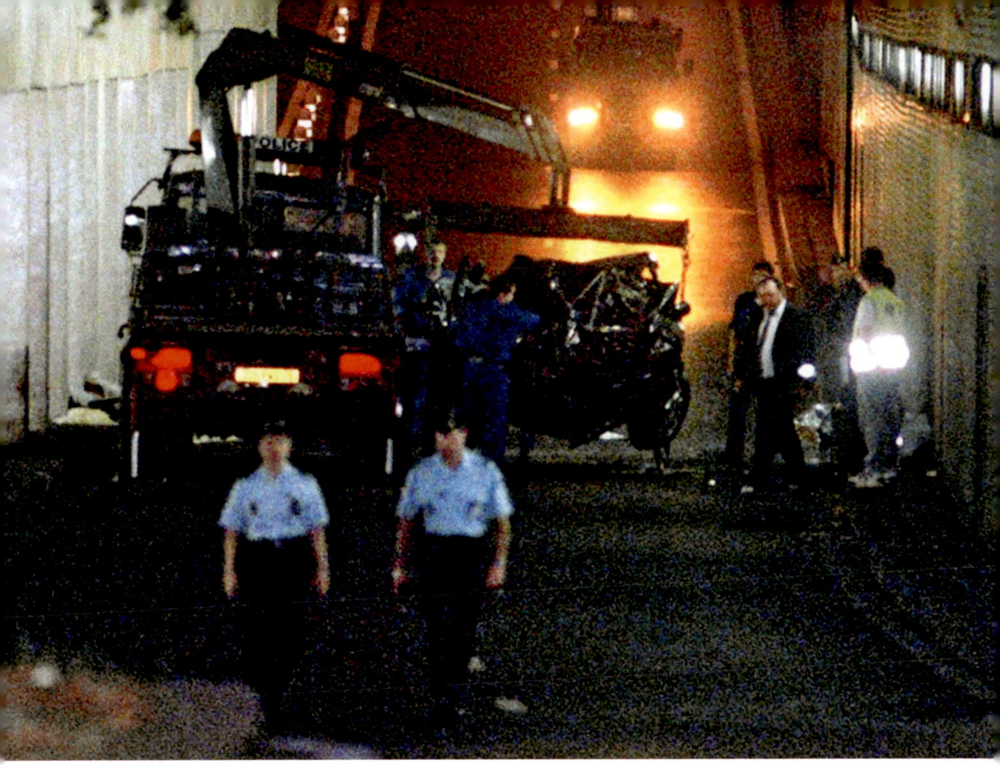
POLICE

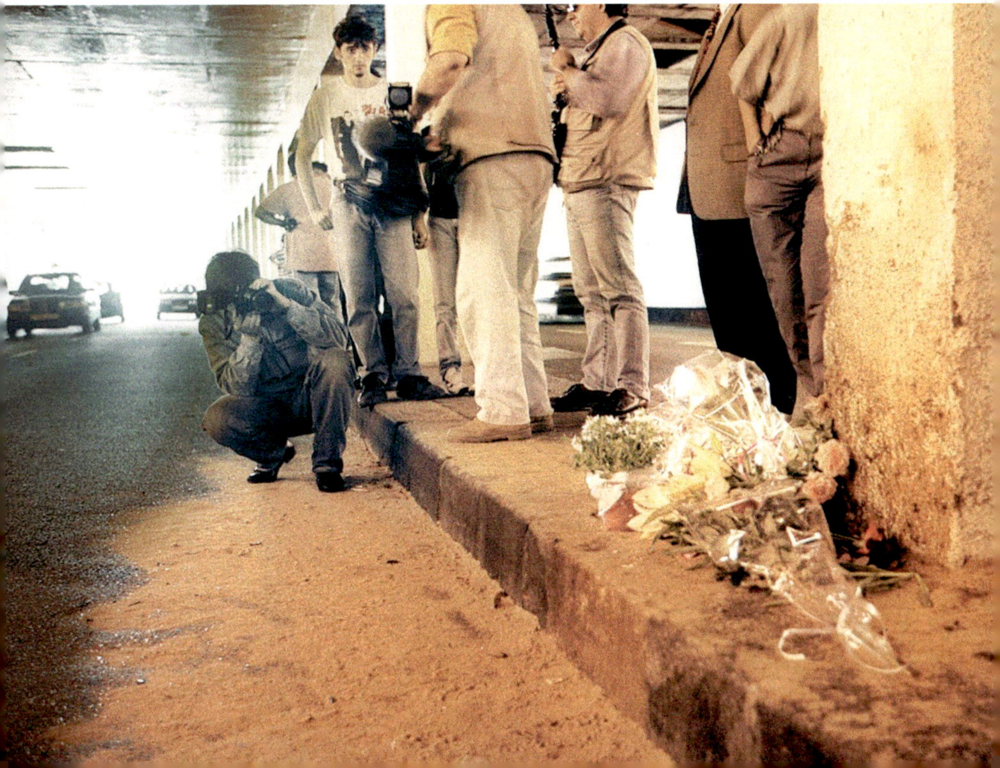

26 Die Beisetzung

Elton John singt »Goodbye England's Rose«

Die Hauptkamera ist auf den sichtlich geschockten Sänger gerichtet, der zusammen mit seinem Mann David Furnish und Kollege George Michael die Westminster Abbey betritt. Ein Geistlicher begrüßt Elton John an diesem 6. September 1997 mit Handschlag. In der anderen Hand hält der Künstler einen Zettel mit einem neuen Text seines Songs »Candle in the Wind«, den er 1973 für Marilyn Monroe geschrieben hatte. Niemand außer ihm und seinem Texter Bernie Taupin kennt die neuen Zeilen. Und niemand in der Kirche und an den etwa zwei Milliarden TV-Geräten kann sich dem Bann der königlichen Ballade für die »Königin der Herzen« entziehen.

»Goodbye England's Rose, may you ever grow in our hearts.« Allein schon dieser erste Satz ist Kunst, ist eine Hommage, ein letzter Herzensgruß eines Freundes, der in diesen knapp vier Minuten anscheinend für jeden Menschen singt, der Diana kannte, der sie verehrte oder der schlicht über ihren Unfalltod in Paris noch immer fassungslos ist. »Und es kommt mir vor, du hast dein Leben wie eine Kerze im Wind gelebt«, singt er und blickt zornig in Richtung Königsfamilie. Die Kameraregie der BBC schaltet um auf eine Luftaufnahme vom Hyde Park, wo Tausende ihren Tränen freien Lauf lassen. Es ist kaum auszuhalten: »Auf Wiedersehen, Rose Englands. Mögest du immer in unseren Herzen wachsen.« Das BBC-Bild zeigt eine brennende Kerze in der Hand einer Frau. Und der Applaus der Menschen, ihre akustische Liebeserklärung für eine unvergessliche Prinzessin, lässt sie in diesem Moment unsterblich werden.

In England verkauft sich der Song fast fünf Millionen Mal, in Deutschland gilt »Candle in the Wind« mit 4,5 Millionen Exemplaren als die meistverkaufte Single aller Zeiten. Weltweit gehen knapp 37 Millionen davon über die Ladentheken. Sämtliche Erlöse und Tantiemen fließen – bis heute – in die Diana-Stiftung. »Die Kerze wird einmal erloschen sein. Deine Legende stirbt nie!«

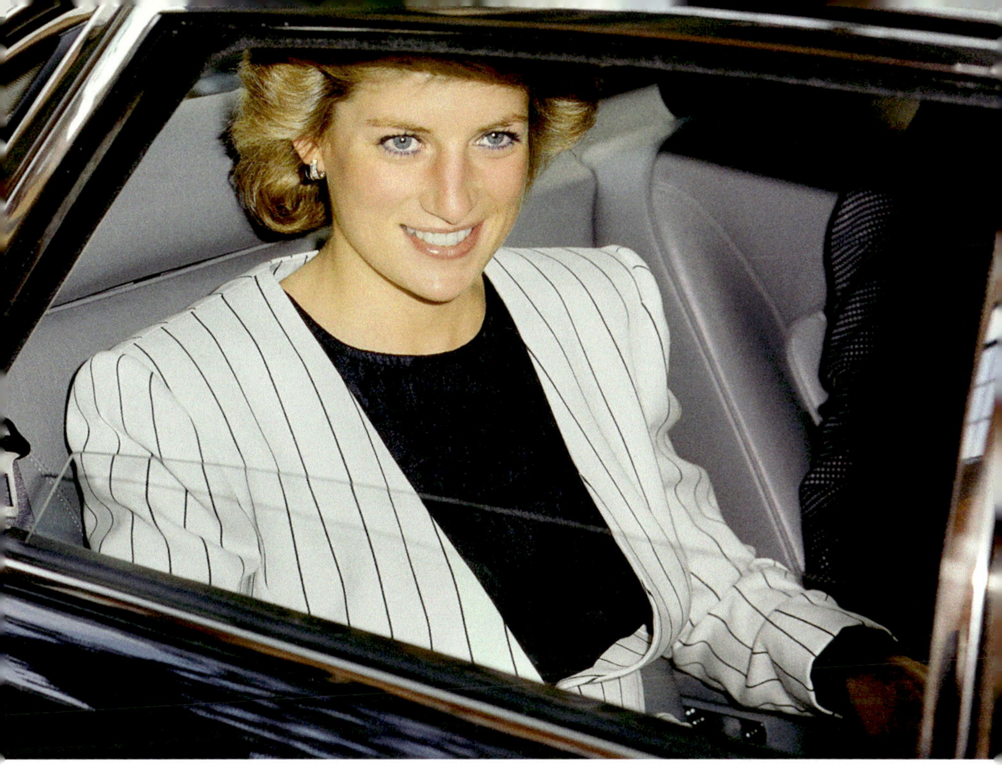

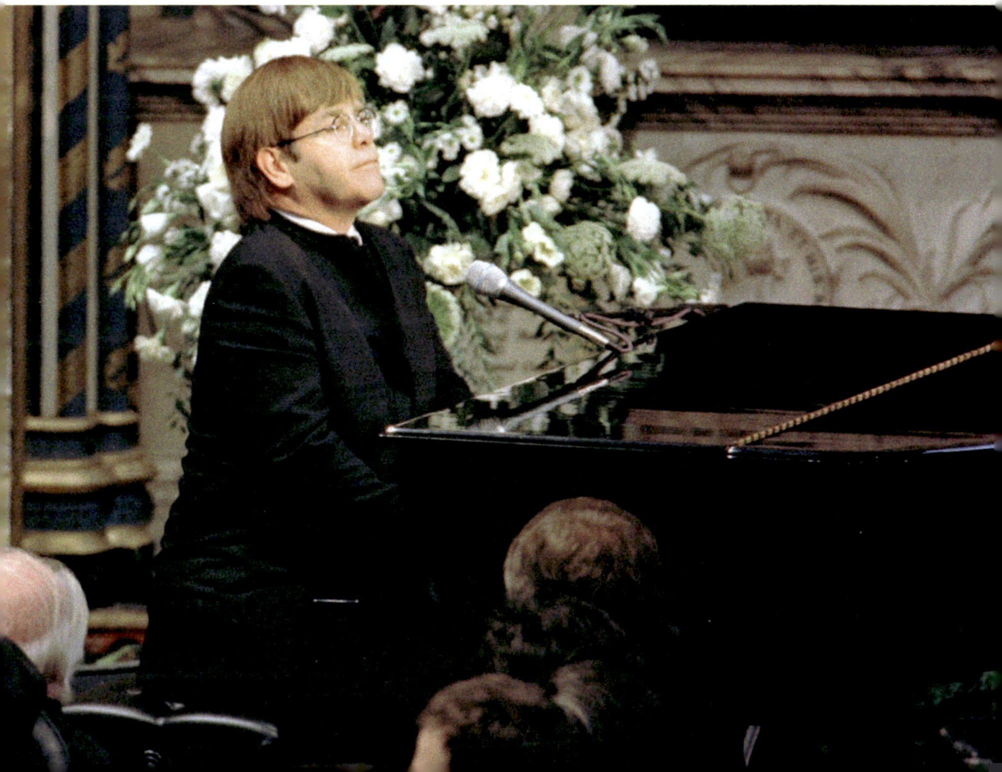

27 Die Strahlkraft einer Ikone

Die »Königin der Herzen« wäre 2021
60 Jahre alt geworden

Es war ein royaler Moment, der irgendwie verpuffte! Die Enthüllung der Diana-Statue durch ihre entzweiten Söhne hatte etwas von einem riesigen Weihnachtspaket, bei dem die Vorfreude größer ist als das Geschenk. Am 1. Juli 2021 wäre die Prinzessin 60 Jahre alt geworden. Prinz Harry war – ohne Meghan und die Kinder – nach London gekommen, in den Garten am Kensington Palast, in dem er als Kind mit seiner Mama oft gespielt hat. Genau wie sein Bruder William, der an diesem Nachmittag aber eher den coolen Staatsmann als den großen Bruder raushängen lässt. Harry hingegen versucht Witze zu machen, man merkt, wie sehr ihm an einer Versöhnung gelegen ist.

Dann ziehen die beiden an den Kordeln, und der grüne Überwurf rutscht von der Statue. Und da steht sie: Diana, die Frau, die noch so viel vorhatte. Die Metall-Prinzessin legt schützend ihre Hände um einen kleinen Jungen mit afroamerikanischen Wurzeln und ein Mädchen, das sich ängstlich an ihren Unterarm schmiegt. Hinter ihr versteckt sich ein weiteres Kind. »Diese Statue soll ihre Wärme, Eleganz und Energie widerspiegeln«, heißt es offiziell. »Jeden Tag wünschen wir uns, dass sie noch bei uns wäre«, so William und Harry in einem gemeinsamen Statement. »Wir hoffen, dass diese Statue als Symbol ihres Lebens und ihres Vermächtnisses gesehen wird.«

Ich suche und ich finde die Vorlage für die Skulptur: Es ist die Weihnachtskarte von Prinzessin Diana mit ihren Söhnen von 1993 – der erste Weihnachtsgruß nach der Scheidung von Prinz Charles. Die echte Diana trägt einen dunklen Bleistiftrock mit großer Gürtelschnalle und eine dekolletierte helle Bluse mit Biesen. Sie blickt liebevoll auf ihren Ältesten, während Harry ganz verträumt seine Mama anstrahlt. Damals ahnte niemand, dass sie den 60. Geburtstag ihrer geliebten Mutter an einer Bronzestatue würden begehen müssen.

DIANA PRINCESS OF WALES

28_ Die Abdankung aus Liebe

Ein Herz für die Krone

»Für mich ist es unmöglich, die schwere Bürde als König ohne die Hilfe und Unterstützung der Frau zu tragen, die ich liebe«, sagt König Edward VIII. am 11. Dezember 1936 in seiner historischen Radioansprache an sein Volk und unterzeichnet die Abdankungsurkunde. Die Frau, die er abgöttisch liebt und die er auf Druck der Königsfamilie nicht heiraten darf, heißt Wallis Simpson. Die geheimnisvolle Amerikanerin ist bereits geschieden und wiederverheiratet und somit moralisch völlig ungeeignet als Königin. Zudem ist sie mit ihren 40 Jahren auch viel zu alt, um noch Kinder zu bekommen und die Thronfolge zu sichern. Doch Edward kann nicht von ihr lassen, er ist ihr verfallen. Wallis Simpson ist die am Hof verhasste Hexe mit hypnotischem Charme, die die britische Monarchie in die schwerste Krise des Jahrhunderts stürzt.

Genau wie später Harry und Meghan gehen Edward und Wallis ins Exil, wo sie am 3. Juni 1937 heiraten. In Frankreich leben sie als Herzog und Herzogin von Windsor, die öffentlich immer wieder mit dem Naziregime in Deutschland sympathisieren. Es gibt konkrete Überlegungen, Edward als Marionetten-König der Deutschen nach einem gewonnenen Krieg wieder auf den Thron zu heben. Auf den Thron, den sein Bruder George VI. zwangsweise bestiegen hat. Dessen Gattin, Queen Mum, nimmt den Namen Wallis Simpson nie wieder in den Mund und spricht nur von »dieser Frau«. Und auch ihre Tochter, die Queen, gibt Wallis Simpson erst bei der Beisetzung ihres Onkels 1972 zum ersten Mal die Hand. Verziehen hat Elisabeth II. es ihr nie, dass ihretwegen ihr Vater König werden musste – und fast daran zerbrochen wäre.

Wallis Simpson stirbt 16 Jahre nach ihrem Mann mit 89 Jahren und wird neben Edward auf dem königlichen Friedhof in Frogmore beigesetzt. In Sichtweite zu dem Haus, das Harry und Meghan als ihren Zufluchtsort gewählt hatten, bevor auch sie mit der königlichen Familie brachen.

29 Die Queen-Mörderin

Wie der Vater, so die Tochter

Nach ihr wurde ein ganzes Zeitalter benannt, sie regierte 45 Jahre mit großem Geschick, sie einte England nach innen und festigte ihr Reich nach außen. Sie ist die jungfräuliche Königin und schon zu Lebzeiten eine Legende. Elisabeth I. aus dem Hause Tudor legt den Grundstein für die englische Seemacht und das British Empire, lässt 1588 die spanische Armada versenken und ist ohne Zweifel die bedeutendste Monarchin ihrer Zeit. »Dieser königliche Thron, auf den Gott mich gesetzt hat, steht über allem anderen«, schreibt die Tochter von Heinrich VIII. und Anne Boleyn. Doch Elisabeth I. geht vor allem als diejenige Queen in die royale Geschichte ein, die ihre Konkurrentin Maria Stuart von Schottland enthaupten ließ.

Elisabeth I. wehrt sich ihr ganzes Leben lang dagegen, von Männern dominiert zu werden, weigert sich standhaft, zu heiraten und ihre Macht zu teilen. »Ihr ist ein männlicher Verstand eigen«, schreibt ihr Lehrer Roger Ascham. »Von weiblicher Schwäche ist sie ganz frei.« Das war wohl als Kompliment gemeint, doch ausgerechnet eine Frau wird der Königin zur größten Feindin. Maria Stuart, die katholische Cousine und Königin im Norden der Insel. Sie hatte nie einen Hehl daraus gemacht, selbst Anspruch auch auf den englischen Thron zu besitzen, und war, um dieses Ziel zu erreichen, wohl an der Planung eines Mordanschlags auf Elisabeth I. beteiligt. Am 25. Oktober 1586 wird Maria deshalb wegen Hochverrats zum Tode verurteilt. Doch Elisabeth, die an die von Gott gegebene Königswürde glaubt, traut sich erst nicht, das Urteil gegen eine ebenfalls gesalbte, wenn auch inzwischen vom Thron vertriebene Königin vollstrecken zu lassen!

Es ist Mittwoch, der 18. Februar 1587, als um zehn Uhr morgens der Henker dem Leben von Maria Stuart dann doch ein Ende bereitet. Als der Vollzug gemeldet wird, soll Königin Elisabeth I. angeblich bitterlich geweint haben. Angeblich!

30__Die Nachricht vom Tod ihres Vaters

Queen über Nacht

Es ist ein unbeschwerter Morgen im »Treetops Hotel« am Fuße des Mount Kenya. Die Grillen zirpen, aus der Ferne sind wilde Tiere zu hören, die Natur präsentiert sich in ihren schönsten Farben. Kronprinzessin Elisabeth und ihr Mann Prinz Philip genießen beim Sonnenaufgang in Afrika die Zeit zu zweit, weit weg vom Hof und all dem, was sich da von ihnen unbemerkt im fernen London zusammengebraut hat. In der Nacht war König George VI. mit 56 Jahren seinem Lungenkrebs erlegen. Diener hatten den Monarchen tot in seinem Bett auf Schloss Sandringham gefunden. Elisabeth war also bereits Königin, wusste davon aber noch nichts. Und erfuhr davon als eine der Letzten! Aber wer sollte der erst 25-jährigen zarten Frau sagen, dass ihr geliebter Vater gestorben und sie nun Königin ist?

Prinz Philip wird informiert. Der damals 30-Jährige, Vater von Charles und Anne, weiß, was zu tun ist. Er überrascht seine Frau mit einem spontanen Spaziergang. Im Garten überbringt er der Queen die traurige Nachricht. »Sie saß aufrecht und akzeptierte ihr Schicksal«, erinnert sich Privatsekretär Michael Parker an diesen 6. Februar 1952. »Ich fragte, welchen Namen sie als Königin wählen würde«, so ihr Vertrauter. »Meinen eigenen natürlich«, antwortet die Queen und beginnt damit, die Rückreise zu organisieren. »Sie verließ England als fröhliche Prinzessin und kehrte als trauernde Königin zurück«, soll Premierminister Winston Churchill über diesen schicksalhaften Tag gesagt haben.

Wobei in London noch ein Problem auf Elisabeth wartet. Denn ihre Hofdamen hatten vergessen, ein schwarzes Kleid einzupacken. Und so muss in Heathrow erst ein Koffer mit dem passenden Outfit an Bord gebracht werden. Die Queen kleidet sich um, verlässt über die Gangway die Maschine und betritt als Königin ihr Land, dem sie so lange wie kein anderer Monarch vor ihr dienen wird.

31_Der Schock in der Nacht

Ein Einbrecher sitzt am Bett der Queen

Neben der oscarreifen Darstellung von Prinzessin Diana durch Schauspielerin Emma Corrin ist diese Szene ein absolutes Highlight der vierten Staffel der Netflix-Serie »The Crown«: Königin Elisabeth, gespielt von Olivia Colman, wacht mit einem spitzen Schrei im Buckingham Palace auf, weil ein fremder Mann sich auf ihre Bettkante setzt. Dem Einbrecher war es gelungen, unbemerkt einzudringen. Aber nicht, um die Queen zu verletzen oder etwas zu stehlen. Der arbeitslose Anstreicher will nur seiner Königin von den Nöten der normalen Menschen unter der brutalen Wirtschaftspolitik von Premierministerin Margaret Thatcher berichten. Klingt nach absurder Fiktion, ist aber Fakt. Dieser royale Thriller hat sich tatsächlich so zugetragen.

Es ist der frühe Morgen des 9. Juli 1982. Michael Fagan klettert über den Zaun des Londoner Stadtschlosses und gelangt über eine Regenrinne in den Wohnbereich der königlichen Familie. Der 33-Jährige löst zwar Alarm aus, doch der wird nicht beachtet! Ein Zimmermädchen glaubt, der Eindringling sei ein Kollege, und der Leibwächter vor dem Schlafzimmer der Queen ist gerade mit ihren Hunden Gassi. So viele Zufälle und Gelegenheiten will sich der vierfache Vater, dessen Frau sich von ihm getrennt hatte, nicht entgehen lassen. Zehn Minuten reden der Einbrecher und die mutige Königin, deren Alarmknopf am Bett dummerweise nicht angeschlossen ist. Erst eine Hausangestellte, die Elisabeth II. wecken will, ruft die Polizei.

Michael Fagan wird angeklagt, aber nie verurteilt. Die Weinflasche, die er ausgetrunken hatte, fällt als Diebstahl nicht ins Gewicht, Hausfriedensbruch kann man ihm nicht nachweisen, weil die Sicherheitsvorkehrungen massive Mängel aufwiesen und die Security grobe Fehler gemacht hatte. Fagan wird psychiatrisch behandelt, aber ohne Befund aus dem Krankenhaus entlassen. Er lebt heute, nach einigen weiteren Konflikten mit dem Gesetz Ihrer Majestät, in London.

32 Das »annus horribilis« 1992

Die Queen ist auch nur ein Mensch

Königin Elisabeth II. ist bekannt für leichte Ironie und charmante Spitzen in ihren selbst geschriebenen Reden. Doch was am 24. November 1992 in der Londoner Guildhall über ihre Lippen kommt, zeigt menschliches Entsetzen einer Queen, die zum ersten Mal in ihrer damals 40-jährigen Regentschaft mutlos klingt: »Ich schaue auf dieses Jahr 1992 nicht mit großer Freude zurück«, so die Königin ganz in Grün gekleidet. Dann räuspert sie sich, blickt auf ihren Zettel und sagt: »Dieses Jahr hat sich zu einem Schreckensjahr entwickelt.« Dabei benutzt Elisabeth II. ganz bewusst den lateinischen Ausdruck »annus horribilis«, der als geflügeltes Wort in die royale Geschichte eingehen wird.

Nur vier Tage zuvor: Schloss Windsor steht in Flammen. Der Brand war am 45. Hochzeitstag der Königin und ihres Gatten im Dachstuhl ausgebrochen und wütet 30 Stunden. Ein Flügel des ältesten bewohnten Schlosses der Welt wird völlig zerstört, unzählige Kunstschätze werden Raub der Flammen. Ob eine Zigarette oder Schweißarbeiten das Feuer entfacht haben, ist bis heute ungeklärt. Auch, warum die einst so glücklichen Ehen ihrer Kinder alle gescheitert sind: Im März trennen sich Prinz Andrew und Sarah Ferguson, die später im Schreckensjahr oben ohne in den Boulevardzeitungen erscheinen wird. Im April wird die Scheidung von Prinzessin Anne und Mark Phillips rechtskräftig – die Oben-ohne-Bilder bleiben zum Glück aus!

Ein schwacher Trost für die Königin, denn Andrew Morton veröffentlicht seinen in 35 Sprachen übersetzten Millionen-Seller »Diana – Ihre wahre Geschichte«. Obwohl lange von der Prinzessin von Wales bestritten, war auch der Queen klar, dass die pikanten Informationen in dem intimen Skandal-Buch nur von ihr selbst gekommen sein konnten. Wenige Tage nach ihrer historischen Rede verkündet Premierminister John Major im Unterhaus die Trennung von Charles und Diana.

33___Die Diana-Rede

»Ich bewunderte und respektierte sie«

Freitag, der 5. September 1997, Tag fünf, nachdem Diana, die »Königin der Herzen«, in Paris gestorben ist. Endlich, endlich gibt es die von den Menschen so lang ersehnte Trauerbekundung der Königsfamilie, die sich seit dem Wochenende auf Schloss Balmoral vor den Blicken der Welt versteckt hatte. Prinz Charles und seine Söhne William, damals 15, und Harry, zwölf, nehmen vor dem Kensington Palast Beileidsbekundungen der unzähligen wartenden Menschen entgegen, schütteln Hände, und beide Jungs versuchen, ganz erwachsen zu sein. Sie tragen Anzug und schwarze Krawatte und kämpfen mit den Tränen, als sie das Blumenmeer sehen, das dort seit Tagen größer und größer geworden ist.

Auch die Queen erscheint endlich in London. Ganz in Schwarz gekleidet, scheint die Königin erst jetzt richtig zu begreifen, wie sehr der Tod Dianas die Menschen mitten ins Herz getroffen hat. Jetzt weiß sie auch, warum der Premierminister sie gedrängt hat, die Königsflagge auf dem Buckingham Palace während der morgigen Trauerfeier auf Halbmast zu setzen, was sonst nur geschieht, wenn ein Monarch stirbt. Jetzt merkt sie, warum Tony Blair sie genötigt hat, sich endlich in einer dreiminütigen TV-Ansprache live an ihr Volk zu wenden. Spät, zu spät, das wissen wir heute.

»Es ist nicht einfach, dem Gefühl des Verlustes Ausdruck zu geben, da dem ersten Schock ein Gemisch aus Unglauben, Unverständnis, Zorn und Sorge um die Hinterbliebenen folgt«, sagt Elisabeth II. und blickt ernst in die Kamera. »Was ich nun als Königin und Großmutter sage, kommt direkt aus meinem Herzen. Ich möchte persönlich Diana meine Anerkennung aussprechen. Sie war eine außergewöhnliche und begabte Persönlichkeit. Ich bewunderte und respektierte sie.«

Und dann sagt die Queen: »Keiner, der Diana kannte, wird sie jemals vergessen. Wir sollten Gott danken für jemanden, der so viele Menschen glücklich gemacht hat.«

34 Die historische Corona-Rede

»We'll meet again!«

Manchmal braucht ein Monarch nur vier Minuten und 24 Sekunden, um in die Geschichte einzugehen, um alle Monarchie-Gegner mundtot zu machen und um das zu tun, warum er oder sie sich der Krone und ihrem Volk verschrieben hat. Königin Elisabeth II. schafft das an diesem historischen Sonntagabend des 5. April 2020, als sie sich zur besten Sendezeit auf dem ersten Höhepunkt der Coronapandemie aus Windsor in einer bemerkenswerten Fernsehansprache an die Menschen im Land wendet. Vor allem, um Danke zu sagen.

Gekleidet in Grün, die Farbe der Hoffnung, blickt die Rekord-Queen entschlossen in die Kamera und sagt an die Menschen im Gesundheitswesen gewandt: »Jede Stunde Ihrer Arbeit bringt uns alle zurück in ein normales Leben. Ich hoffe, jeder von uns wird einmal stolz darauf sein, wie wir diese Herausforderung geschafft haben.« Elisabeth II. liest vom Teleprompter ab, aber das merken die Zuschauer nicht. Denn es sind ihre Worte, es ist ihre eigene Rede, die die fast 94-Jährige da gerade hält. Es ist nach dem Golfkrieg 1991, dem Tod von Prinzessin Diana 1997 und dem von Queen Mum 2002 sowie ihrem eigenen Diamantenen Thronjubiläum 2012 erst die fünfte Rede der beliebten Königin, abgesehen von ihren Weihnachtsansprachen.

Dramaturgisch perfekt erinnert sie an ihre Schwester Margaret, mit der sie 1940 – auch aus Windsor – ihre erste Radioansprache im Krieg gehalten hatte, und sagt dann den magischen Satz: »Wir werden uns wiedersehen!« Jeder, der den Weltkrieg erlebt hat, hat sofort den Song »We'll meet again« der britischen Sängerin Vera Lynn im Ohr. Ein Durchhalte-Schlager von 1939, der es nach der Queen-Rede sogar in die britischen Charts schafft. Vera Lynn, die die Königin 1969 mit dem »Order of the British Empire« ausgezeichnet hatte, stirbt kurz nach der Ansprache. Elisabeth II. hält durch, lässt sich impfen und bleibt der Garant dafür, dass es nur besser werden kann.

35 Die Jahrhundert-Queen

Ein ganzes Land verneigt sich

Am 95. Geburtstag Ihrer Majestät am 21. April 2021, nur vier Tage nach der Beisetzung ihres geliebten Ehemannes, kennen 84 Prozent aller Briten nur Königin Elisabeth II. als ihr Staatsoberhaupt. Nur gut 40.000 Untertanen sind, so wie die Queen, überhaupt mit einem Alter von 95 Jahren gesegnet. Und jeder, der an diesem traurigen Mittwoch an die rüstige Jubilarin denkt, hat den Wunsch: *God Save our Queen.* Möge Elisabeth noch lange auf dem Thron sitzen und nach Skandalen, Dramen, Brexit und Corona weiterhin Einheit und Frieden sichern. Und auch in den 15 übrigen souveränen Ländern, deren Staatsoberhaupt sie ist, wird die Monarchin gewürdigt – obwohl sowohl auf Barbados als auch in Australien die Stimmen nach einem gewählten Präsidenten lauter werden.

Mit ihren 95 Jahren ist die Queen nicht nur die älteste Königin, sondern auch die älteste Person überhaupt auf dem britischen Thron. Elisabeth II. ist auch die älteste Herrscherin der Welt und Staatsoberhaupt der meisten Länder der Erde. Ihr Gesicht ist auf den meisten Währungen abgebildet, und Geld hat sie wohl mehr als jeder andere Royal. Doch darüber gibt es nur ungenaue Schätzungen. Klar ist aber, dass die Jubilarin bereits seit September 2015 die am längsten regierende Königin Großbritannien ist, was bis dahin ihre Ururgroßmutter Queen Victoria war. Es ist »nichts, was ich je angestrebt habe«, erklärt die Monarchin bescheiden. »Ein langes Leben kann unweigerlich an vielen Meilensteinen vorbeiziehen.«

Den nächsten dieser Meilensteine nimmt die Queen 2022, wenn sie dann 70 Jahre die Krone trägt. Aus Anlass dieses erstmaligen Platin-Jubiläums wird es im Sommer eine viertägige Party und einen zusätzlichen Feiertag geben. Und dann gilt es nur noch den Rekord von Ludwig XIV. zu brechen, den des am längsten regierenden Monarchen aller Zeiten. Der Sonnenkönig war 72 Jahre und 110 Tage König von Frankreich. Das wird doch zu schaffen sein, Ma'am!

Windsor Castle

36 Der Skandal-Royal

Nach dem Absturz ist vor dem Absturz

Auch ich war entsetzt, als ich im Juli 2020 die neuesten Fotos eines der hochrangigsten Adeligen Deutschlands gesehen habe, dessen Familie 300 Jahre lang die englischen Könige gestellt hat. Und ich war überrascht, als eine junge Kollegin spontan sagte: »Ich wusste gar nicht, dass der noch lebt!« Das tut seine Königliche Hoheit Prinz Ernst August von Hannover zum Glück; doch ob es ihm wirklich gut geht, daran lassen die Aufnahmen der österreichischen »Kronen-Zeitung« zumindest große Zweifel. Denn der 66-jährige Welfe starrt verwirrt in die Kamera, sein Hemd ist weit offen, die Haare stehen ab, und an den Ellenbogen hat er frische Schürfwunden.

Die Fakten: Der Prinz wählt in der Nacht aus seinem Jagdhaus in Grünau den Notruf, er liege im Graben und werde ermordet. Vor Ort beschuldigt Ernst August einen Mann, er habe dreimal versucht, ihn zu töten. Laut Polizeiprotokoll sei der Adelige immer aggressiver geworden und habe einen der Beamten am Kopf gepackt. Der Polizist versetzte ihm daraufhin einen Abwehrstoß. Der Royal, der seit seiner Prügelattacke 1998, dem Urinieren am türkischen Pavillon bei der Expo 2000 und dem Angriff auf einen Hotelier in Kenia von den Medien »Skandal-Prinz« genannt wird, geht zu Boden. Von dort soll Ernst August mit einem langen Messerschleifer gedroht haben, woraufhin der Prinz fixiert wurde. Nach einer weiteren Attacke wurde der Urenkel des letzten deutschen Kaisers durch einen eingetroffenen Arzt für den Rest der Nacht in eine Psychiatrie gebracht.

Der Ehemann von Prinzessin Caroline von Monaco hingegen sieht sich als Opfer, bedroht später wieder Polizisten und angeblich auch eine Angestellte und deren Mann. Der Prinz wird vorübergehend festgenommen, ihm werden »im Zustand voller Berauschung« gefährliche Körperverletzung, Sachbeschädigung, Nötigung und Widerstand gegen die Staatsgewalt vorgeworfen. Gar nicht königlich! Aber irgendwie auch wieder typisch für den Welfen.

37_Die drei Königinnen für Belgien

»Meinen Titel gebe ich nicht wieder her!«

Als Königin Beatrix der Niederlande am 30. April 2013 freiwillig das Zepter an ihren Sohn Willem-Alexander abgibt, verzichtet sie gerne darauf, künftig weiter als Königin angesprochen zu werden. So wie ihre Mutter und ihre Großmutter es auch getan hatten. Mit der Unterzeichnung der Abdankungsurkunde ist Beatrix *nur* noch Prinzessin der Niederlande. Ein starker Zug einer Frau, die 33 Jahre aus eigenem Recht Königin des Landes gewesen war.

Bei neuzeitlichen Königinnen, die sich diesen Titel ausschließlich durch die Hochzeit mit einem amtierenden oder späteren König erworben haben, sieht das ein bisschen weniger großzügig und uneitel aus. Eine Majestät zu sein verleiht Aura und Glanz, darauf wollen royale Damen ungern verzichten. Ohne ihre Tochter, die rechtmäßige neue Königin von Großbritannien, um Erlaubnis zu fragen, setzte Queen Mum durch, auch nach dem Tod von König George 1952 weiter als »Majestät« angesprochen zu werden. Eine Telefonistin des Buckingham Palace erzählte einmal, dass sie jeden Tag Mutter und Tochter über die Vermittlung miteinander verbunden habe, und zwar mit dem legendären Satz an Queen Elisabeth II.: »Ihre Majestät, da ist Ihre Majestät am Telefon für Ihre Majestät.«

Aber gleich drei Königinnen auf einen Streich? Das war tatsächlich royale Realität im Königreich Belgien. Von Juli 2013 bis Dezember 2014 hat das kleine Land nämlich gleich drei Queens: Königin Fabiola, die Frau des 1993 verstorbenen Königs Baudouin, deren gemeinsame Schwägerin Königin Paola, die an der Seite von Albert II. auch nach dessen Abdankung 2013 den Titel nicht mehr missen wollte, und Königin Mathilde, die charmante Gattin des neuen Königs Philippe. Sie trägt aber als aktuelle Königin den Titel einer Königin »der« Belgier, die beiden anderen Mit-Majestäten sind oder waren *nur* noch Königin »von« Belgien. So viel Unterschied muss sein!

38 Die wilde Frau von Prinz Andrew

Sarah mischt die Royal Family auf

»Du bist wirklich außergewöhnlich und einzigartig«, gratuliert Prinzessin Eugenie 2020 ihrer Mutter, der Herzogin von York, zum Geburtstag. Knapp und zutreffend! Und dazu gibt es bei Instagram private Fotos der Frau, die die Welt nur als »Fergie« kennt. Abgeleitet von ihrem Mädchennamen Ferguson, den Sarah nach der Hochzeit mit Prinz Andrew am 23. Juli 1986 in der Westminster Abbey abgab und seitdem Herzogin von York ist. Und das auch nach der Scheidung der beiden zehn Jahre später blieb. Die Bilder zum Geburtstag zeigen Fergie ungeschminkt und ohne Filter! Und ja, die Jahre in der Royal Family, und auch der Sexskandal um ihren Ex-Mann Andrew, sind nicht spurlos an ihr vorübergegangen.

Die wilde Fergie ist von Anfang an Außenseiterin am Hof. Viel zu laut, viel zu offenherzig, viel zu bürgerlich für die Queen. Deren Mann Prinz Philip wechselt nie ein Wort mehr mit seiner Schwiegertochter als unbedingt nötig. Die ersten sechs Jahre der Ehe verlaufen harmonisch, die Töchter Beatrice und Eugenie sind der ganze Stolz ihrer Eltern. Doch dann wird Fergie immer häufiger vertraut mit fremden Männern gesehen, es kriselt heftig. Nach der Trennung 1992 wird die Herzogin Freiwild für die Boulevardpresse, und sie liefert – immer pleite – Skandälchen und Skandale. Unvergessen sind das Foto, das einen Amerikaner zeigt, der ihre Zehen ablutscht, ihre polternden Auftritte in US-Talkshows, ihre Kampagne für »Weight Watchers« oder ihr heimlich gefilmter Versuch, 2010 einem Geschäftsmann – gegen eine halbe Million – Zugang zu Prinz Andrew zu verschaffen.

Aber irgendwie verzeihen die Briten ihr alles, denn Fergie ist halt Fergie. Heute ist sie erfolgreiche Kinderbuchautorin, eine tolle Mutter für Beatrice und Eugenie und inzwischen auch Oma. Und nach wie vor die Stütze von Prinz Andrew. Sie sagt: »Wir sind das glücklichste geschiedene Paar der Welt.«

39__Das heimliche Date in Sydney

Mit einer kleinen Lüge zur großen Liebe

Royals im heiratsfähigen Alter haben es schwer, den richtigen Partner oder die richtige Partnerin kennen und lieben zu lernen. »Will sie mich, oder will sie Königin werden?« – »Liebt er mich, oder ist er nur scharf darauf, eine Prinzessin ins Bett zu bekommen?« Königin Margrethe hatte ihrem ältesten Sohn Frederik daher eingebläut, auf keinen Fall mit einer Dänin anzubandeln, denn das Land sei zu klein, als dass eine Romanze oder ein One-Night-Stand geheim bleiben könnten. Und das beherzigte der fesche Thronfolger dann auch am Rande der Olympischen Spiele 2000, weit, weit weg von Kopenhagen im australischen Sydney.

»Es war Liebe auf den ersten Blick«, schreibt der künftige Dänenkönig über die Begegnung mit einer gewissen Mary Donaldson. »Sobald ich sie sah, fühlte ich, dass sie eine Seelenverwandte war«, heißt es in einer Biografie über Frederik. Und sie? Wusste die heutige Kronprinzessin und Mutter seiner vier Kinder, mit wem sie da gerade anbandelte? Lange hieß es, an diesem Samstagabend, dem 16. September 2000, hätten sich die beiden Singles rein zufällig im Pub »Slip Inn« getroffen und zwischen Bier und Burgern miteinander gequatscht. »I'm Fred from Denmark«, soll der Womanizer gesagt haben. Was ja auch nicht gelogen war! Nur dass er Frederik *aus* und zugleich Kronprinz *von* Dänemark war, das habe er Mary verschwiegen. Ihre Brautjungfer von 2004 verrät aber, dass das Treffen im Pub durchaus arrangiert war und auch andere Royals damals dabei gewesen seien.

Egal, denn es hat gefunkt, und es funkt bis heute. Mary und Frederik von Dänemark sind das modernste und schickste royale Paar Europas und denken wohl täglich an jenen Schicksalsabend in Sydney. »Er hat mich umgehauen«, so die Kronprinzessin. »Er hat mir den Boden unter den Füßen weggezogen, dieser gut aussehende Mann, der auch von innen schön war.«

40__Der Eklat mit seinem Vater

Machtdemonstration gegenüber Prinz Henrik

Keine Szene hätte das Verhältnis der beiden royalen Alphamännchen besser beschreiben können als der Neujahrsempfang in Kopenhagen im Januar 2002. Da ist was faul im Staate Dänemark, dachten sich – frei nach Shakespeare – die Diplomaten und Parlamentarier. Zumindest in der königlichen Familie knirscht es, was bislang kaum jemand wusste, überstrahlt doch die Persönlichkeit von Königin Margrethe II. alle anderen Dänen-Royals.

Doch ebendiese Königin liegt nach einem Rippenbruch unpässlich zu Hause und muss sich erholen. »Kein Problem, lasse ich mich halt von meinem Sohn, dem Kronprinzen, und meinem Mann, der ja eh dabei gewesen wäre, vertreten«, denkt sich die pragmatische Monarchin. Sollte man meinen, gäbe es da nicht die heimliche Konkurrenz zwischen Vater und Sohn, zwischen Prinzgemahl und Kronprinz. Der damals 33-jährige Frederik würde hinzufügen: und die Konkurrenz zwischen dem nächsten König von Dänemark und dem Prinzgemahl, der immer den Titel eines Königs haben wollte und ihn nie bekommen hat! Selbst Klagen vor Gericht haben den französischen Grafen nicht in den Königsstand erhoben.

Doch so scharf sind an diesem Tag die royalen Messer noch gar nicht gewetzt. Noch! Das Diplomatische Corps betritt den Raum und positioniert sich gegenüber von Frederik und Henrik. Beide gehen parallel auf die Gäste zu. Frederik zögert eine Sekunde und sieht, dass sein Vater auf gleicher Linie mit ihm steht. Und macht demonstrativ und laut einen weiteren Schritt nach vorne. »Denn ich vertrete die Königin, nicht du deine Frau!«, will er seinem Vater und der ganzen Welt sagen. Henrik ist verletzt und verzieht sich wochenlang auf sein französisches Weingut. »Ich wurde degradiert und gedemütigt wie ein unbedeutendes Anhängsel«, sagt er über die Schmach, die Henrik bis zu seinem Tod 2018 seinem Ältesten nie wirklich verziehen hat.

41 Der 99-Tage-Kaiser
Monarch und Mythos

Er ist der deutsche Sandwich-Kaiser, eingeklemmt zwischen seinem alten Vater Wilhelm I. und seinem forschen Sohn Wilhelm II., der Deutschland in den Ersten Weltkrieg treiben wird. Auf Kaiser Friedrich III. ruhen so viele Hoffnungen auf ein liberaleres, moderneres und friedlicheres Reich, als er am 9. März 1888 den Thron besteigt. Dass er irgendwas im Rachen hat, war durchgesickert, doch das Volk weiß nicht genau, wie krank der neue Monarch da wirklich schon ist.

Eine Thronrede hält Friedrich III. nicht mehr, er kann nämlich nach einer Operation nicht mehr sprechen, er leidet an unheilbarem Kehlkopfkrebs. Am 15. Juni des gleichen Jahres, also nach nur 99 Tagen im royalen Amt, stirbt der Kaiser in Potsdam. Die Welt ist entsetzt und ergriffen vom traurigen Schicksal des 56-Jährigen, der mit der Tochter von Queen Victoria und Prinz Albert verheiratet war.

Durch die Schwiegereltern und seine Frau Vicky war Friedrich III. schon früh mit der Idee eines liberalen Parlamentarismus angefixt worden, in dem Kaiser und Kanzler auf der Grundlage einer Verfassung arbeiten. Mehr aber auch nicht. Der Mythos um den liberalen Kaiser, da sind sich Historiker einig, wurde posthum bewusst inszeniert. Zwar hatte er sich 1863 als Kronprinz für die Pressefreiheit ausgesprochen, war ein entschiedener Gegner des konservativen Bismarck und lehnte den aufkommenden Antisemitismus ab, das war's aber auch schon. Der Fan von Kultur und Wissenschaft glaubte, dass ein Monarch nicht gegen den Willen des Volkes regieren solle, was aber nicht hieß, dass er ein allgemeines Wahlrecht befürwortete. Auch das Militär wäre, hätte er länger gelebt und regiert, nicht angetastet worden.

Friedrich III. ist tot, ihm folgt der erst 26-jährige Wilhelm II. auf den Thron. Nicht ahnend, dass er der letzte Deutsche Kaiser und König von Preußen sein würde.

42 Der Außenseiter

Ein Schöngeist auf dem Hohenzollernthron

Betrachtet man allein die Gemälde der neun Hohenzollernmonarchen, fällt auf, wie anders er war. Vor allem in Gardeuniform hoch zu Ross wirkt Friedrich Wilhelm IV. von Preußen, der pummelige und kurzsichtige König, alles andere als staatstragend. So gar nicht zackig und streng, nicht soldatisch und machthungrig, kurzum so gar nicht preußisch. Friedrich Wilhelm IV. ist der Romantiker, der Träumer und der Schöngeist auf dem Hohenzollernthron. Und er verachtet alles, was mit Militär und Krieg zu tun hat. Also alles, was seine Vorgänger und auch seine Nachfolger als Könige und Kaiser verkörpern.

Er lässt 300 Kirchen bauen, treibt die Restaurierung des Berliner Schlosses und den Ausbau von Schloss Sanssouci voran und setzt sich für die Vollendung des Kölner Doms ein. König Friedrich Wilhelm IV. hinterlässt über 7.000 architektonische Zeichnungen und Skizzen, ist kreativer Feingeist und unbeliebter Außenseiter auf dem Thron, den er am 7. Juni 1840 mit 44 Jahren besteigt. »Wer sich begnügen lassen will mit einer einfachen, väterlichen, echt deutschen Regierung, der fasse Vertrauen zu mir«, sagt der Mann, der eine versprochene Verfassung plötzlich ablehnt, der sich an die absolutistische Herrschaft auf der Grundlage des Gottesgnadentums klammert und der die Vorboten der blutigen Märzrevolution 1848 ignoriert. »Bisher habe ich wohl gewusst, dass du ein Schwätzer bist«, sagt sein jüngerer Bruder und designierter Nachfolger Wilhelm I. »Aber nicht, dass du eine Memme bist. Dir kann man mit Ehre nicht mehr dienen!«

In Kunst und Wissenschaft fällt die Beurteilung von König Friedrich Wilhelm IV. heute komplett anders aus als in Politik und Staatsführung. »Er war ein Monarch im Zwiespalt seiner Zeit«, sagt sein Biograf Dirk Blasius über den legendären Hohenzollern, dessen größte Last es wohl gewesen ist, überhaupt König werden zu müssen.

43__Das It-Girl des deutschen Adels

Keine ist schräger als sie

Sie trägt den rockigen Beinamen »Fürstin TNT«, ihre Auftritte sind explosiv und hinterlassen nicht selten eine Spur der Verunsicherung. »Hat sie das jetzt wirklich gesagt?«, steht als Frage häufig noch im Raum, da ist Gloria von Thurn und Taxis schon längst wieder abgerauscht. Das Rauschen der streitbaren Adeligen in den deutschen Boulevardmedien dauert nun schon mehr als vier Jahrzehnte an. Seit dem 31. Mai 1980, als die wilde 20-Jährige den 34 Jahre älteren Johannes von Thurn und Taxis heiratet. Da ist die gebürtige Gräfin von Schönburg-Glauchau bereits mit dem ersten ihrer drei Kinder schwanger – was aber niemand weiß!

Die Jahre danach lässt es die Punker-Fürstin so richtig krachen. Legendär sind ihre Frisuren von Star-Friseur Gerhard Meir, immer ein Hingucker ihre poppige Garderobe und ihre Freude am Leben. Die zweite Tochter und der notwendige Erbprinz Albert kommen quasi im Jahrestakt auf die Welt. Es wird gemunkelt, Glorias Ehe mit dem herzkranken Fürsten sei nur dafür arrangiert worden. Als Johannes zehn Jahre nach der Hochzeit stirbt, hinterlässt er seiner Frau eine Generalvollmacht für die millionenschwere Unternehmensgruppe. Das wilde Partyleben ist vorbei, Fürstin Gloria besinnt sich auf Werte, die ihr wirklich etwas bedeuten: ihr christlicher Glaube, ihre erzkonservative Weltsicht und ihre zum Teil rassistischen und rechtsnationalen Ansichten. Für Gloria ist der Papst »ein Vorreiter für die Frauenrechte«, der ehemalige US-Präsident Donald Trump ein Held und die Coronapandemie 2020/2021 ein »Fingerzeig Gottes«.

Aber es gibt sie auch heute noch, die sympathische »Fürstin TNT«, wenn sie in Schloss Emmeram beim Weihnachtstheater auf der Bühne steht oder einen absurden Rap-Song aufnimmt. Gloria ist der bunte Vogel im deutschen Adel, ohne den es irgendwie auch langweilig wäre.

44_Die Hollywood-Diva und der Prinz

Ein Kennenlernen wie im Film

Jeder Drehbuchautor wäre für diese Kitsch-Schmonzette in Hollywood ausgelacht worden. Der smarte Fürst eines fernen Landes, das nur gut halb so groß ist wie der Central Park, verliebt sich in eine Filmdiva. Der Mann, dessen Namen Rainier in den USA niemand aussprechen kann, soll reicher sein als Rockefeller. Und wie heißt sein Land noch mal? Marokko, Macao, nein, Monaco, wo auch immer das liegen mag im fernen Europa. Und dann heißt die Angebetete auch noch Grace, also Gnade, die sie dem verliebten Zwerg-Monarchen zuteilwerden lässt und ihn tatsächlich erhört.

Grace Kelly lernt Fürst Rainier III. von Monaco am 6. Mai 1955 während der Filmfestspiele in Cannes kennen. Erschöpft nach sechs Filmen in Folge, hatte sie auf das Treffen im Fürstenpalast eigentlich gar keine Lust. Ein Stromausfall nach einem Streik bringt die Planung komplett durcheinander, dann wird auch noch die Straße nach Monte Carlo nach einem Unfall gesperrt. Endlich da, lässt dann der Monarch den Hollywoodstar eine Stunde lang warten. Alles vergessen, denn nach dem Rundgang durch den Privatzoo und die Palastgärten Rainers knistert es zwischen den beiden. Grace Kelly schreibt, der Fürst sei »so charmant«, und er kündigt eine Reise in die USA an.

Briefe, Telefonate und schließlich der geheime Besuch bei der Familie der Braut bereiten vor, was am 5. Januar 1956 auf einer Pressekonferenz im Haus der Kellys bekannt gegeben wird: die Hochzeit im April. Die nach zähen Gesprächen ausgehandelte Mitgift der Braut beträgt zwei Millionen US-Dollar und wird jeweils zur Hälfte von Grace selbst, die bald Gracia Patricia heißen wird, und ihrem Vater aufgebracht. Ihre Überfahrt, ihre Ankunft in Monaco, ihren Look hätte kein Regisseur besser inszenieren können. Alles live übertragen, wird die ganze Welt Zeuge, wie aus dem US-Filmstar die Fürstin von Monaco wird. Eine royale Ikone, die bis heute unvergessen ist.

45__Der Unfalltod

Ein Drama ohne Happy End

»Man möge mich als eine Frau im Gedächtnis behalten, die ihre Aufgabe getreulich zu erfüllen versuchte, die verständnisvoll und gütig war.« Das sagt Fürstin Gracia Patricia von Monaco im ABC-Interview mit Pierre Salinger am 22. Juni 1982. »Ich möchte, dass man sich meiner als eines anständigen und fürsorglichen Menschen erinnert«, so die Mutter von drei Kindern knapp drei Monate vor ihrem Tod. So, als ob die 52-Jährige irgendeine Vorahnung gehabt hätte, dass ihr Leben von einer auf die andere Sekunde vorbei sein würde.

Es ist der Vormittag des 13. September 1982. Gracia Patricia fährt mit ihrer jüngsten Tochter Stéphanie von der Sommerresidenz Roc Agel nach Monte Carlo. Kurz vor Cap-d'Ail kommt der Rover in einer Haarnadelkurve aus ungeklärter Ursache von der Straße ab und stürzt 40 Meter in die Tiefe. Welch Ironie, denn ganz in der Nähe war auch die Verfolgungsjagd im Hitchcock-Film »Über den Dächern von Nizza« gedreht worden, in der Grace Kelly ein Cabriolet fährt. Doch heute ist es kein Film! Die Fürstin wird in das nach ihr benannte »Centre Hospitalier Princesse Grace« gebracht. Nach einer Operation fällt die Landesmutter ins Koma. Die Ärzte entdecken zwei Blutungen im Gehirn, eine aufgrund eines leichten Schlaganfalls kurz vor dem Unfall, die zweite, inoperable Verletzung war eine Folge des Aufpralls.

Am Abend des Folgetages geben ihr Mann Rainier III. und die gemeinsamen Kinder ihr Einverständnis, die lebenserhaltenden Geräte abzuschalten. Gracia Patricia ist tot. Drei Tage nehmen die Monegassen am offenen Sarg Abschied, bevor sie in Anwesenheit von 800 geladenen Trauergästen und vor 100 Millionen TV-Zuschauern beigesetzt wird. Bis heute hält sich das Gerücht, nicht sie, sondern die damals erst 17-jährige Stéphanie habe den Wagen gefahren. Dies wurde mehrmals von ihr selbst bestritten und auch von weiteren Personen entkräftet.

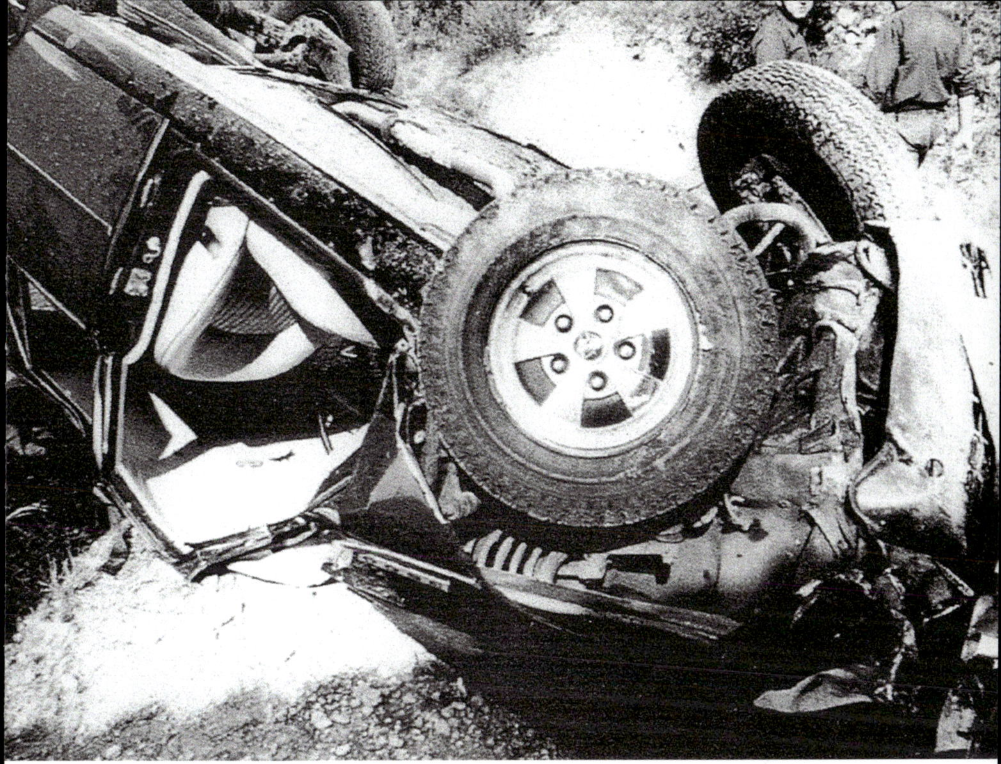

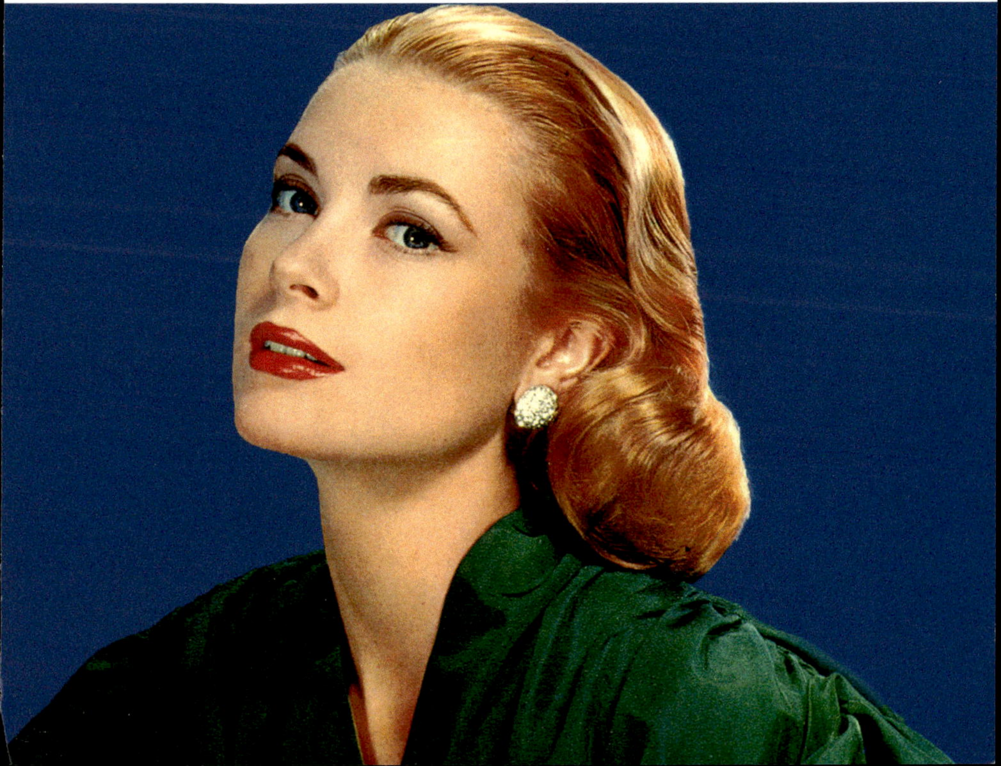

46 Der skandalfreie Landesvater

»Die Monarchie hat Zukunft«

Meinen allerersten persönlichen Kontakt mit einem echten Royal hatte ich 1992. Damals, mit 26 Jahren, arbeitete ich in London für den »World Service« der britischen BBC. Es stand in der Schweiz eine Volksabstimmung über den Beitritt zum EWR an, und ich als junger Journalist fragte mich, was denn dann aus dem kleinen Fürstentum Liechtenstein werden würde. Und stellte ganz naiv eine Anfrage für ein Radiointerview mit Fürst Hans-Adam II. und erschrak vor meiner eigenen Courage, als sein Büro zurückrief und das Gespräch für den gleichen Tag bestätigte. Zehn Sekunden bevor mich die Sekretärin mit dem Fürsten verbindet, fällt mir ein, dass ich gar nicht weiß, wie ich ihn ansprechen soll. »Herr Prinz« oder »Herr Liechtenstein« konnten nicht stimmen. Im Kopf hatte ich zwei Alternativen. Und ich wähle, als es in der Leitung klick macht, zum Glück die richtige: »Eure Durchlaucht« und nicht »Eminenz«, wie man einen Kardinal anspricht. Das wäre peinlich gewesen!

Das ist fast 30 Jahre her, in denen der Fürst sein kleines Steuerparadies komplett skandalfrei durch die Zeit gebracht hat. Schlagzeilen macht er regelmäßig, wenn der reichste Monarch Europas gesucht wird und er immer mit etwa vier Milliarden weit oben landet. Oder wenn mal wieder der begehrteste royale Junggeselle gesucht wird. Sein Sohn, Erbprinz Alois, der 2004 die Amtsgeschäfte vom Vater übernommen hat, ist da längst raus. Inzwischen erscheinen die Söhne, die der Erbprinz mit Sophie Herzogin in Bayern hat, in den Boulevard-Rankings. Aktuell liegt ihr Ältester vorne: Joseph Wenzel, der einmal Papa und Opa auf dem Thron in Vaduz beerben wird.

»Ich bin überzeugt, dass die Monarchie eine Renaissance erleben wird«, sagt Fürst Hans-Adam II. in einem seltenen Interview. Ein Monarch plane langfristig, und »das ist gut für ein Land, in dem Politiker nur bis zu den nächsten Wahlen denken«.

47__Der Kampf mit der Tradition

Eine Nähmamsell für den Thronfolger

Norwegen feiert. Das Ende des Zweiten Weltkrieges, das Ende der fünfjährigen Besetzung durch deutsche Truppen und die Rückkehr der Königsfamilie nach Oslo. König Haakon VII. war mit seiner Regierung nach London ins Exil geflüchtet, seinem Sohn, Kronprinz Olav, und dessen Familie war es gelungen, in die USA zu gelangen. Der kleine Harald wächst in Maryland auf. Nicht wissend, dass Adolf Hitler ihn als Kinderkönig gegen seinen Opa und seinen Vater für das Naziregime benutzen will. Der Krieg ist vorbei, das Deutsche Reich hat kapituliert, und die royale Familie kehrt am 7. Juni 1945 endlich in die Heimat zurück.

Unter den unzähligen Menschen am Straßenrand steht an diesem Tag auch die kleine Schneidertochter Sonja Haraldsen und kann einen kurzen Blick auf den achtjährigen Prinzen Harald werfen, dem Norwegen fremd ist und dem die Begeisterung der Menschen Angst macht. 14 Jahre später, 1959, lernen sich Sonja und der smarte Harald auf einer privaten Party kennen. Sein Vater ist inzwischen König geworden und er der Thronfolger. Ein junger Mann, der sich in Sonja verliebt! Der Kronprinz trifft sich heimlich mit ihr, doch ein Foto lässt die Romanze auffliegen: »Eine Nähmamsell an der Seite des Thronfolgers«, titelt eine Zeitung. Volk und König sind entsetzt. Olav hatte nämlich Prinzessin Irene von Griechenland für Harald ausgesucht. Sieben Jahre dauert die Hängepartie zwischen dem König, seinem Sohn, der Regierung und dem Parlament. Erst als Harald droht, immer unverheiratet und kinderlos zu bleiben, stimmt Olav der Hochzeit zu.

»Ich fühlte mich wie auf Glatteis«, wird Königin Sonja später sagen. »Es war die Rede vom Ende der Monarchie. Ich wollte doch nicht diejenige sein, die das Staatssystem ins Wanken bringt.« Hat sie nicht. Die Goldene Hochzeit 2018 im Kreis der Familie zeigte deutlich: Hier hat zusammengefunden, was zusammengehört!

48_Das Nazi-Kostüm

Nein, das war gar nicht lustig

In der breiten Öffentlichkeit hält sich standhaft die Meinung, Top-Royals hätten generell einen ziemlich guten Geschmack, was ihre Garderobe bei offiziellen Terminen angeht. Ein kurzer Blick in die Kleiderschränke von Prinzessin Anne oder Königin Margrethe von Dänemark würde genügen, um das Gegenteil zu beweisen. Über Geschmack lässt sich ja bekanntlich nicht streiten, doch es gibt eine imaginäre königliche Linie, die kein Blaublüter normalerweise überschreitet. Es sei denn, er will bewusst provozieren, er ist nicht ganz so helle im Kopf oder hat im Geschichtsunterreicht mal wieder gepennt. Es sei denn, wir reden von Prinz Harry.

»Harry The Nazi«, titelt das Boulevardblatt »The Sun« am 13. Januar 2005 und zeigt den damals 20-Jährigen auf einer Kostümparty in einer Uniform des Afrikakorps von NS-General Rommel. Cool einen Drink in der rechten und eine Kippe in der linken Hand. Und am linken Oberarm prangt breit und rot eine Armbinde mit einem Hakenkreuz. Die Welt ist entsetzt über so viel Dummheit und Arroganz. Die jüdische Gemeinde in Großbritannien ist geschockt und verletzt, so kurz vor dem Holocaust-Gedenktag, wenige Tage bevor die Queen Überlebende der Judenvernichtung treffen wird. Harrys Eignung als angehender Offizier wird öffentlich in Frage gestellt. Nach einer Rangelei mit Fotografen, nachdem er zugegeben hatte, Joints geraucht und als Minderjähriger Alkohol getrunken zu haben, wird es eng für den jüngsten Sohn von Prinzessin Diana und Prinz Charles.

Ob sein Vater die damalige Nummer drei der Thronfolge gezwungen hat, sich öffentlich für das Nazi-Kostüm zu entschuldigen, oder ob seine Oma, die Queen, Prinz Harry höchstpersönlich die royalen Ohren lang gezogen hat, ist nicht bekannt. »Das Kostüm war eine schlechte Wahl, und ich entschuldige mich«, heißt es dann auch nur kurz und knapp in einer Erklärung des Prinzen. Reue, Einsicht, Weitblick? Leider Fehlanzeige!

49 Die royalen Kronjuwelen

Nacktfotos beim Strip-Billard in den USA

Das Nazi-Kostüm war ein Skandal eines frisch verliebten jungen Wilden, eines Prinzen, der ohne Mutter aufwachsen musste. Harry, ein kleiner royaler Angeber, der denkt, dass er sich wohl einfach alles erlauben kann und dass die Menschen ihm, dem sympathischen Rotschopf, auch schnell alles wieder verzeihen. Was sie dann auch taten. Doch der Prinz hatte ja noch viel mehr zu bieten als eine geschmacklose Uniform. Royale Kronjuwelen auf einer sexy Party mit mehreren Mädchen, frei Haus geliefert im Netz und auf den Titelseiten aller Zeitungen der Welt. Das ist mal ein Boulevard-Hingucker!

Der Sommerurlaub 2012: Prinz Harry ist in Las Vegas und spielt mit Freundinnen und Freunden in einem Luxushotel eine lustige Runde Strip-Billard, quasi das Strip-Poker der Reichen. Doch so richtig gut scheint der britische Heißsporn mit seinem Queue nicht umgehen zu können, denn seine Klamotten fliegen schnell. So weit, so lustig. Harry lehnt sich cool an eine unbekannte Schöne. Er, gut gebaut und männlich, nur mit Halskette und Armbanduhr bekleidet, sein Gemächt lässig mit beiden Händen umfasst, hat sichtlich Spaß. Freiheit, einfach mal normal sein, sich gehen lassen können. Ein zweiter Schnappschuss zeigt ihn von hinten, mit nacktem Knackpo, das ebenfalls nackte Mädchen vor ihm fest umschlungen.

Und dann macht es plötzlich klick. Es sei denn, der Sound des privaten Handys war ausgeschaltet, damit diese intime Szene, an der sich morgen die ganze Welt ergötzen wird, nicht gestört wird. Wer die Fotos gemacht und dann veröffentlicht hat, ist bis heute ein Geheimnis. Ein Sicherheitsmann von Harry, der genau das hätte verhindern sollen, nein müssen, wird gefeuert. Der Palast versucht verzweifelt, die Veröffentlichung zu verhindern, doch die Bilder des nackten Harry sind schneller im Netz, als der Royal seine Unterhose wieder hat anziehen können.

HOME   NE

THE Sun

Friday, August 24, 2012

e Sun publishes

naked Prince Harr

50 Der Star ihrer Hochzeit

Bischof Michael Curry stielt den Royals die Show

Die ganze Welt guckt nach Windsor zur letzten großen royalen Traumhochzeit für viele Jahre. Prinz Harry hat seine Meghan gefunden und heiratet an diesem sonnigen 19. Mai 2018 die Schauspielerin. Ihr Vater war ausgeladen worden, weil er gefälschte Paparazzi-Fotos verkauft hatte, und so führt Prinz Charles seine künftige Schwiegertochter zum Altar. Das Lied »Stand By Me« des Gospelchors, den sich die Braut gewünscht hatte, ist ziemlich gewagt, aber was soll's? Meghan ist halt Amerikanerin. Eine, die schnell merkt, dass ihr da jemand gleich die Show stehlen wird. Denn Bischof Michael Curry beginnt eine flammende Rede, die es so noch nie auf einer königlichen Hochzeit gegeben hatte.

»Wir müssen die Kraft der befreienden Liebe entdecken«, beginnt der Geistliche mit einem Zitat von Martin Luther King. »Wenn wir das tun, werden wir aus dieser alten Welt eine neue machen. Liebe ist der einzige Weg.« Und genau jetzt beginnt das Trommelfeuer des Reverends, der die Liebesbotschaft in die ganze Welt tragen will. Leidenschaftlich, scharfsinnig, charmant und laut. »Love«, »Love«, »Love«, erschallt es in der St. George's Chapel, und die Hochzeitsgäste fangen an zu kichern. Harry schielt zu Meghan, die Queen zieht die Augenbrauen hoch. »Love« und noch mal »Love«. Prinz William schubst heimlich Papa Charles an, und Camilla senkt den Kopf unter dem Hut, damit man ihr Lachen nicht sieht.

Insgesamt ruft Michael Curry 65 Mal das Wort Liebe! »Aber bei der Liebe geht es nicht nur um ein junges Paar. Gerade wird Liebe dadurch gezeigt, dass wir alle hier sind.« Ja, alle sind sie da und alle auch irgendwie froh, als die Predigt vorbei ist und Meghan und Harry – voller Liebe – endlich Ja zueinander sagen können. »Möge Gott uns alle in seinen mächtigen Händen halten. In den Händen der Liebe!«, schließt Michael Curry, der heimliche Hochzeitsheld von Windsor. Einer, der wohl geahnt hat, wie stark die Liebe der Brautleute sein muss, um den künftigen Weg gemeinsam zu gehen.

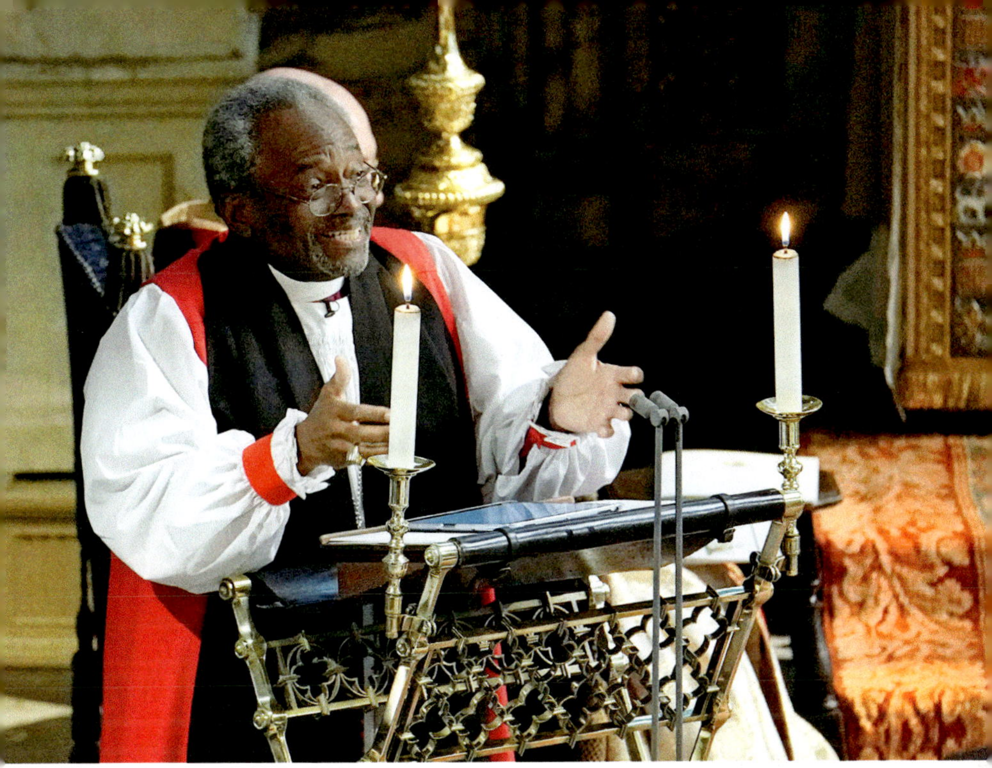

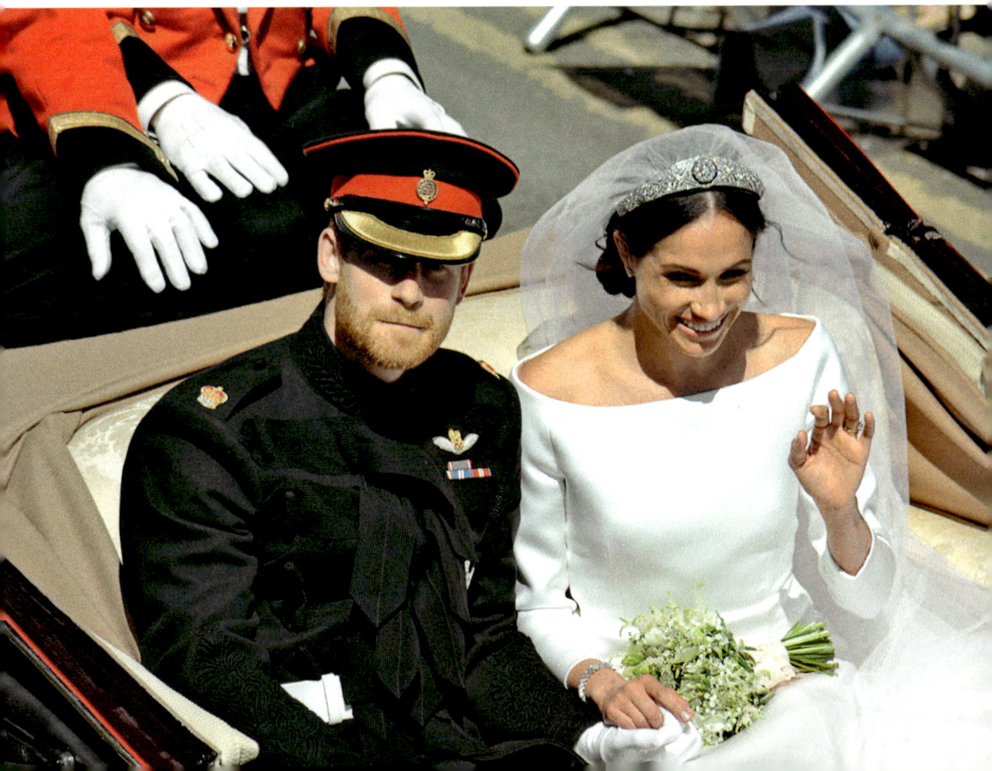

51 Der Megxit wird verkündet

Ein royales Erdbeben erschüttert die Monarchie

Alle britischen Tageszeitungen kennen am 9. Januar 2020 nur ein Thema: »Harry und Meghan treten zurück« (»The Guardian«), »Wir kündigen« (»Metro«), »Der Prinz schmeißt hin« (»i«), »Harry und Meghan gehen mitten in der Palast-Krise« (»The Times«). Das sind die Fakten. Die Boulevardblätter wittern bereits das ganze Ausmaß dessen, was der Herzog und die Herzogin von Sussex da heimlich geplant und ohne Rücksprache mit dem Palast über Instagram am Vortag rausgehauen hatten: »Sie haben es nicht einmal der Queen gesagt« (»Daily Mirror«), »Royale Familien-Bombe« (»Daily Express«), »Die Queen ist wütend« (»Daily Mail«). Ja, das ist Königin Elisabeth II. an diesem Tag durchaus. Wütend als Staatsoberhaupt, vor allem aber wütend als Oma. Was hat sich »Der Royal, der mal ein Prinz war« (»Daily Star«) nur dabei gedacht? Und wie glaubhaft sind die Gründe für das, was an diesem Morgen als »Der Megxit« (»The Sun«) in die royale Geschichte Großbritanniens eingehen wird?

»Die Entscheidung, die ich für meine Frau und mich getroffen habe, als Senior-Royal zurückzutreten, habe ich mir nicht leicht gemacht«, versucht Prinz Harry die Wogen zu glätten und für Verständnis zu werben. »Aber es gab keine andere Möglichkeit!« Das sehen die übrigen Mitglieder der »Firma«, wie die Queen ihre Familie nennt, anders. Ein Krisentreffen auf Schloss Sandringham vier Tage später soll Harry umstimmen. Vergeblich! Weil er Meghan und seine Familie vor der Presse schützen will, verzichtet das Paar auf die Anrede »Königliche Hoheiten« und auf Geld aus der Kasse der Königin. Im Gegenzug müssen sie keine royalen Termine mehr erfüllen, können wohnen, wo sie wollen, und dürfen mit Projekten ihr eigenes Geld verdienen.

Doof für die beiden ist der Befehl der Oma, dass sie dafür nicht weiter das Adjektiv *royal* verwenden dürfen, ihre Website »Sussex Royal« muss vom Netz, und Harry und Meghan verschwinden schmollend nach Amerika.

52_Das Oprah-Winfrey-Interview

Die letzten Hemmungen fallen

Es ist kurz vor 15 Uhr an diesem Montag, dem 8. März 2021. Ich sitze gemeinsam mit meiner Kollegin Frauke Ludowig und Modedesigner Guido Maria Kretschmer in einem improvisierten Studio bei RTL. Gleich beginnt unsere Sondersendung zu *dem* royalen Interview des Jahrzehnts. Das weiß ich jetzt schon, denn ich habe in der vergangenen Nacht live bei CBS die emotionale Beichte der Herzogin und des Herzogs von Sussex bei US-Talkmasterin Oprah Winfrey gesehen, die wir gleich in voller Länge ausstrahlen werden.

Sätze wie »Der Palast hat mich zum Schweigen gebracht«, »Als ich schwanger war, gab es die besorgte Frage, wie dunkel die Haut von Archie wohl sein wird« oder »Was hinter verschlossenen Türen passierte, das hatte sehr viel mit Ängsten zu tun« jagen seit knapp 13 Stunden, seit der Ausstrahlung in den USA, um den Erdball. Und immer wieder auch die Frage, wie glaubwürdig die Anschuldigungen von Meghan gegen den Palast sind. Sie sind glaubwürdig, das habe ich in der Nacht erkannt: Denn niemand spricht von Selbstmordgedanken und Rassismus, von Gefahren für das eigene Baby oder der Belastung für die Liebe zu Prinz Harry aus Imagegründen oder Rachegelüsten. Und ja: Die Tränen, die immer wieder in den Augen der erneut schwangeren Meghan glitzern, sind nicht gespielt. Es ist eine Seelenbeichte, um der ganzen Welt ihre Sicht der Dinge zu erzählen, also zu erklären, wie und warum es überhaupt zum »Megxit« kommen musste.

Es sind 90 Minuten, in denen Harry stolz die Geburt einer Tochter verkündet, die ein royales Erdbeben verursachen. In London herrscht Alarmstufe Rot, die Queen muss eine Erklärung veröffentlichen, in der sie ihr tiefes Bedauern bekundet und Aufklärung verspricht. Es wird eng für die Royals: »Nein, wir sind keine rassistische Familie«, schnauzt Prinz William später eine Reporterin an. Die Nerven liegen blank, das Image der Royals ist angekratzt. Bis heute.

Take away
tea and coffee

Daily Mail
ROYAL CRISIS SPECIAL
Toxic accusations. Incendiary racism claims against their family. Palace left reeling and Queen, 94, in emergency talks. After THAT stinging interview...
WHAT HAVE THEY DONE?
25 PAGES OF UNRIVALLED REPORTS

THE TIMES
Hooked on sugar
Palace in turmoil over Meghan's racism claims

The Guardian
...llowing
...n claim

The Daily Telegraph
Harry and Meghan Interview
essential comment and analysis
Duchess has shown courage, says Biden

THE SUN
AS MEGHAN AND HARRY DRAG THE ...TIRE FIRM THROUGH THE MUD WITH ...RAORDINARY CLAIM, WE DEMAND..
PULLOUT INSIDE
The FULL Bombshell Interview
who is the ...l racist?

Daily Record
SCOTLAND'S CHAMPION
GERS CROWNED CH...
Party
TWO SNP M... ACCUSED... OF SEXUA... HARASSM...
Party worker claims he was touched inappropriately...

DAILY Mirror
HARRY & MEGHAN BOMBS...
WORST ROYAL CRISIS IN 85 YEAR...
Palace in meltdown over racism allegation and claim suicidal Duchess 'ignored'

DAILY EXPRESS
TURMOIL AT THE PALACE
SO SAD IT HAS COME TO THIS
Queen is top... in talks on how... amid fears for th...

53 Die große Unbekannte

Die späte Liebe von Kaiser Wilhelm II.

1918: Das Deutsche Kaiserreich ist Geschichte! Am 9. November ruft Philipp Scheidemann die Republik aus, am 28. November dankt Kaiser Wilhelm II. ab. Der gestürzte Monarch schafft es, das bewegliche Gut der Hohenzollern in 62 Güterwagen aus Deutschland in sein Exil nach Doorn in den Niederlanden zu schaffen. Den Zügen folgen weitere 140 Möbelwagen. In seinem Schloss, das ihm Königin Wilhelmina zur Verfügung gestellt hat, wartet der Kaiser mit seiner Frau Auguste Viktoria auf die Rückkehr nach Deutschland. Als die Kaiserin im April 1921 stirbt, sieht eine andere Frau endlich ihre große Chance gekommen.

Hermine, Prinzessin von Reuß und verwitwete Prinzessin von Schönaich-Carolath in Niederschlesien, hat schon immer für den Kaiser geschwärmt, trotz der 28 Jahre Altersunterschied. Sie schreibt ihm eine Beileidsbekundung, und der damals 63-Jährige lädt sie ein. In Doorn ist der Neu-Witwer so begeistert von der deutschen Prinzessin und Mutter von fünf Kindern, dass er ihr bald einen Antrag macht.

Das Paar heiratet am 5. November 1922, und Hermine wird somit Kaiserin ohne Thron. 19 gemeinsame Jahre arbeiten die beiden daran, die Monarchie in Deutschland wiederzubeleben. Hermine sympathisiert auch mit den Nazis, lädt sogar Hermann Göring zweimal zu sich nach Hause ein, um ihr Ziel zu erreichen.

Der Kaiser stirbt 1941 im Exil und wird in Doorn beigesetzt. Das Kriegsende erlebt seine späte Liebe im Harz, bevor sie ihren Lebensabend in Frankfurt/Oder in sowjetischer Schutzhaft in einer großen Wohnung verbringt. Als Hermine am 7. August 1947 an den Folgen einer Mandelentzündung stirbt, ist plötzlich von Mord die Rede und davon, sie habe kaiserliche Juwelen unterschlagen. Ist da was dran? Das Geheimnis nimmt die letzte deutsche Kaiserin mit ins Grab in den Antikentempel von Schloss Sanssouci. Da liegt sie neben ihrer Vorgängerin Kaiserin Auguste Viktoria.

54__Die göttliche Stimme
Es gibt ihn also wirklich

Es ist eine Sensation und ein Schock zugleich. Nicht, was der Kaiser von Japan am 15. August 1945 sagt, sondern dass er überhaupt etwas sagt! Dass der »Tenno« tatsächlich ein Mensch ist, dass der 124. göttliche Führer des Landes eine Stimme hat, mit der er sich direkt an seine Untertanen wendet. Aber nicht alle Japaner bekommen von der »Übertragung der kaiserlichen Stimme«, wie die Ansprache angekündigt worden war, etwas mit, denn die Menschen fallen reihenweise in Ohnmacht! Sie können es nicht fassen, sie wollen es nicht glauben, aber es scheint wahr zu sein: Kaiser Hirohito ist ein Wesen aus Fleisch und Blut. Ein Mann, der heute die bedingungslose Kapitulation Japans verkündet – neun Tage nach dem Atombombenabwurf über Hiroshima, sechs Tage nach dem auf Nagasaki.

»Wir konnten die Struktur des kaiserlichen Staates bewahren«, sagt der 44-jährige »Tenno«, dessen Rede am Vortag auf einer Schallplatte aufgezeichnet worden war. »Festigt den Adel des Geistes und arbeitet mit Hingabe, sodass ihr die angeborene Herrlichkeit des kaiserlichen Staates stärken und Schritt mit dem Fortschritt halten könnt.« Mit anderen Worten: Ordnet euch den amerikanischen Besatzern unter! Und das macht auch der Kaiser selbst. Am 27. September 1945 fährt er unangemeldet mit seinem Rolls-Royce zum US-Oberbefehlshaber Douglas MacArthur. Westlich gekleidet, winselt der kleine Mann aber nicht um Gnade, wie der General vermutet hatte. »Ich komme zu Ihnen, um mich dem Urteil der Mächte auszuliefern!«, sagt der Kaiser und übernimmt so die volle Verantwortung für alle japanischen Kriegstaten.

Dieses Geständnis hätte vor einem Kriegsgericht sicher das Todesurteil bedeutet. MacArthur merkt aber, dass eine friedliche Zukunft des Landes nur mit dem Kaiser und nicht ohne ihn gelingen kann. An diesem Tag rettet Hirohito sich und seinen Nachfolgern den legendären Chrysanthementhron. Bis heute.

55 Die Katholischen Könige
Die Unterwerfung Südamerikas

Sie muss eine tolle Erscheinung gewesen sein, die Prinzessin, über die 460 Jahre später die Comedian Harmonists singen: »Schöne Isabella von Kastilien, pack deine ganzen Utensilien, und komm zurück zu mir nach Spanien.« Schön war sie, die 18-jährige Kronprinzessin aus dem Kernland des heutigen Spanien. Ein Land, das als Nationalstaat aber erst entsteht durch die Liebe zwischen Isabella und dem stattlichen Ferdinand, dem Kronprinzen des benachbarten Aragón. Ohne sie, die später als die *Reyes Católicos*, die Katholischen Könige, in die royale Geschichte eingehen werden, sähe nicht nur Spanien, sähe auch ganz Südamerika heute anders aus.

Es ist der schönste Tag im Leben der beiden jungen Thronfolger. Isabella von Kastilien, dem reichen Land mit der Metropole Barcelona, heiratet am 19. Oktober 1469 heimlich den ein Jahr jüngeren Ferdinand aus dem kleinen, armen Aragón. Beide Familien sind dagegen, Isabella war längst König Alfons V. von Portugal versprochen, den kann sie aber nicht ausstehen. Die Brautleute feiern ihren Coup und ihre Liebe und legen zehn Jahre später ihre Reiche in einer Matrimonial-Union zusammen – der Grundstein für das heutige Spanien.

Anfang 1492 begegnen Isabella und Ferdinand Christoph Kolumbus, einem rauen Seebären, der waghalsige Pläne für einen royalen Vorstoß westwärts in die sagenumwobene Neue Welt präsentiert. Glücklich, gerade die Mauren aus Granada vertrieben zu haben, schicken die Könige Kolumbus los, dieses ferne Land für sie, die spanische Krone und die katholische Kirche in Besitz zu nehmen.

Kolumbus segelt am 3. August 1492 los und erreicht zehn Wochen später die Bahamas. Die Krone hat den Sprung über den riesigen Atlantik geschafft und wird die nächsten Jahrhunderte den Kontinent prägen: ihn ausplündern und versklaven, den katholischen Glauben predigen und den Königen im fernen Spanien huldigen lassen.

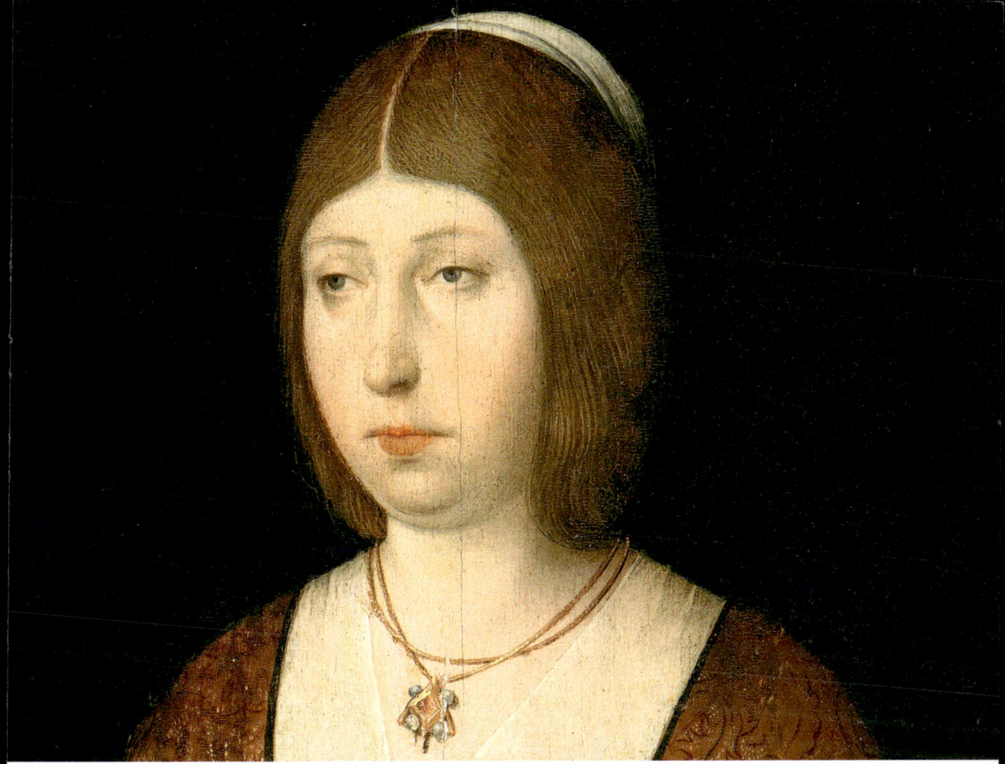
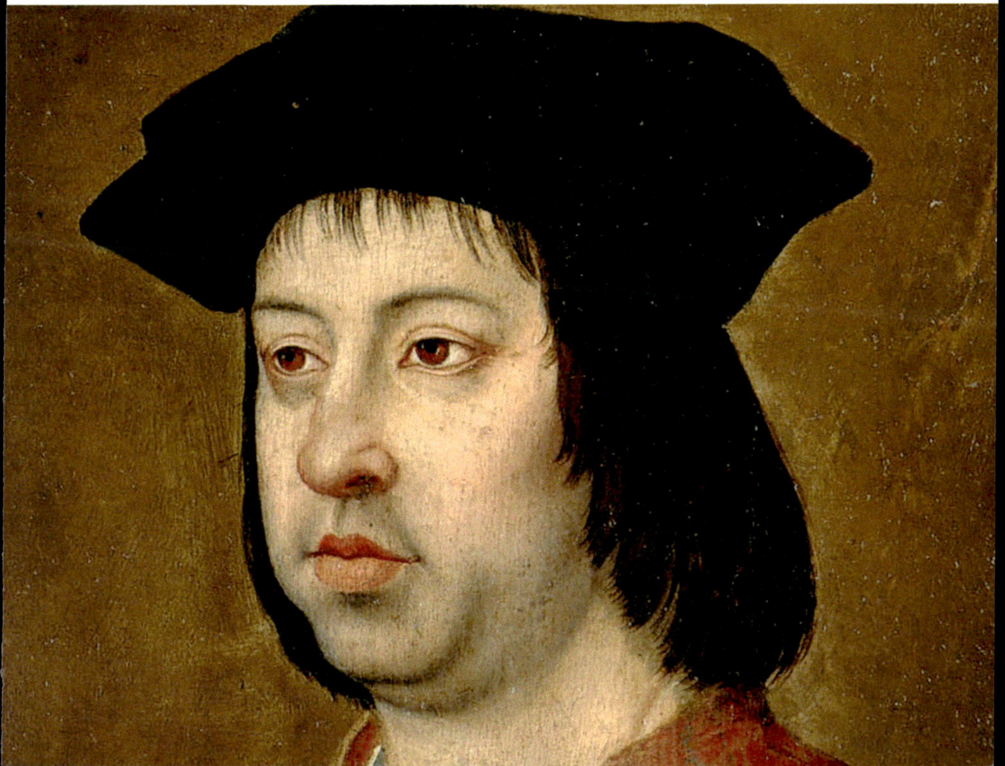

56 Der nächste Fürst

Die männliche Thronfolge benachteiligt seine Schwester

Die Freude ist riesig, die Erleichterung groß, als am 10. Dezember 2014 um 17.04 Uhr die kleine Gabriella Grimaldi das Neonlicht des Kreißsaals erblickt – in dem sie exakt 120 Sekunden lang faktisch die nächste Fürstin von Monaco ist. Dann brüllt sich ihr Zwillingsbruder Jacques in die royale Welt, überspringt um 17.06 Uhr seine ältere Schwester in der Thronfolge und wird fortan als Erbprinz tituliert. Er, nicht Gabriella, wird einmal Nachfolger von Fürst Albert II. Denn in Monaco herrscht, genauso wie im Fürstentum Liechtenstein, noch immer die männliche Thronfolge. Es gilt also die sogenannte patrilineare Primogenitur. Ein komplizierter Begriff, der Töchtern von Monarchen nichts anderes sagen will als: »Ihr als Mädchen seid weniger wert als eure Brüder!« Ein Skandal, wie ich persönlich finde. Tradition, sagen die Befürworter dieser ganz bewussten Benachteiligung von Frauen.

Pikant an der Angelegenheit ist, dass ausgerechnet Zwillingspapa Albert II., seit 2005 Regent an der Côte d'Azur, bereits zwei uneheliche Kinder hat. Der Sohn von Gracia Patricia ist Vater der US-Amerikanerin Jazmin Grace und von Eric Alexandre Coste. Gerüchte über weitere Kinder des heutigen Fürsten halten sich seit Jahren standhaft. Um diese Früchte diverser Affären seines Sohnes ganz bewusst von der Thronfolge in Monaco auszuschließen, hatte Fürst Rainier III. 2002 die Verfassung so geändert, dass nur Kinder aus einer katholischen Ehe die Erbfolge antreten können. Daran, dass auch Mädchen automatisch Thronerbin sein könnten, hat wohl niemand denken wollen. Das aber wäre gerecht und zeitgemäß gewesen.

Also muss es Seine Durchlaucht Jacques irgendwann mal reißen, der zugleich auch Marquis des Baux ist und einmal Herrscher über nicht einmal 38.000 Monegassen im zweitkleinsten Staat der Welt sein wird. Vielleicht wird er ja als künftiger Fürst so intelligent, modern und weitsichtig sein, Frauen nicht schlechter zu behandeln als Männer.

57___Die Drachenkönige
Eine Liebe wie im Himalaya-Märchen

Als ich 2016 das Königreich Bhutan besuche, um ein Interview mit König Jigme zu führen, höre ich eine Geschichte über den jungen Monarchen und seine große Liebe Königin Jetsun. 1997: Pilotentochter Jetsun Pema ist sieben Jahre alt, als sie bei einem Picknick mit Bogenschießen, dem Nationalsport Bhutans, Kronprinz Jigme kennenlernt. Er sieht aus wie der junge Elvis und hat mit seinen 17 Jahren bereits die Entschlossenheit eines Mannes. Plötzlich sinkt der Thronerbe vor ihr auf die Knie und sagt: »Wenn du erwachsen bist und wir nicht vergeben sind, möchte ich, dass du meine Frau wirst.« Egal, ob es so war, hält sich diese Lovestory so standhaft in den Herzen der 740.000 Bhutaner wie der ewige Schnee auf den Gipfeln des Himalaya.

Es sollten noch Jahre vergehen, bis die beiden sich näherkommen. Die talentierte Basketballerin studiert in London und im Nachbarland Indien. 2006 tritt der Vater des Kronprinzen zurück, und Jigme übernimmt als fünfter Drachenkönig der Wangchuck-Dynastie den buddhistischen Thron. »K5«, wie er genannt wird, schafft es, sein kleines Reich zu modernisieren und zugleich die Traditionen zu ehren. Bhutan nennt sich das Land des Glücks. Einen großen Anteil am erlebten Glück in der entlegensten Monarchie der Welt haben der König und die Königin mit ihren zwei kleinen Prinzen.

Die Hochzeit am 13. Oktober 2011 dauert fünf Tage und wird live im Fernsehen übertragen, das erst seit 1999 sendet: »Es soll eine Familienangelegenheit sein, und die Menschen von Bhutan sind meine Familie«, sagt der Drachenkönig und schaut auf seine Jetsun, mit 21 Jahren die jüngste Königin der Welt. Und gelobt, anders als seine Vorgänger, keine weiteren Frauen zusätzlich zu heiraten. Mein TV-Interview mit dem König wurde übrigens kurzfristig abgesagt, weil sich William und Kate in den Kopf gesetzt hatten, genau wie ich, einen Abstecher nach Bhutan zu machen. Dann komme ich halt wieder!

58_Das Geheimnis um den verschwundenen Sohn

Weil er krank war, wurde er totgeschwiegen

Es sind nur wenige Schwarz-Weiß-Fotos, die in den 1990er Jahren bei einer Auktion einen Skandal auslösen. Die verblichenen Bilder vom Anfang des vorigen Jahrhunderts zeigen die sechs Kinder von König George V., der von 1910 bis 1936 regierte. Sechs Kinder? In den Biografien und Stammbäumen sind doch immer nur fünf royale Nachkommen genannt: Edward, der später abdankt, Albert, der Vater der Queen, sowie Mary, Henry und George. Aber wer ist der Kleine im Matrosenanzug, der sehr zart und schüchtern in die Kamera blickt? Recherchen ergeben, es ist Prinz John, der jüngste Sohn des Königs, der an Epilepsie erkrankt war. Geboren 1905, gestorben mit 13 Jahren nach einem nächtlichen Anfall. Und gestrichen aus den königlichen Dokumenten, denn Prinz John war in den Augen seines Vaters eine Schande für die Monarchie.

»Johnny« ist der Onkel von Königin Elisabeth II., der wegen seiner Krankheit fast 80 Jahre totgeschwiegen wird. »Mein Vater hatte Angst vor seiner Mutter, ich hatte Angst vor ihm, und ich will verdammt noch mal, dass meine Kinder auch Angst vor mir haben«, so Johns herzloser Vater George V. Unter seiner Regentschaft erreicht das British Empire die größte Ausdehnung, ein Viertel der Erde und der Menschen gehören zur englischen Krone, da ist ein krankes, schwaches Kind für den Monarchen, der auch Kaiser von Indien ist, nicht tragbar. Die letzten Jahre wird sein Sohn John zu einem Kindermädchen abgeschoben. »Er war schon seit zwei Jahren eingesperrt, niemand außer der Familie hat ihn zu Gesicht bekommen«, schreibt sein ältester Bruder Edward. »Sein Tod ist die größte Erleichterung.«

Prinz John wird 1919 in Sandringham heimlich beerdigt und schnell vergessen. Selbst Queen Mary kann nichts dagegen tun, dass ihr Nesthäkchen, dessen kurzes Leben die BBC unter dem Titel »The Lost Prince« verfilmt hat, für die royale Raison geopfert wird.

59__Der Monarch von Diktators Gnaden

General Franco wählt sich seinen Nachfolger

Als der kleine Juanito am 5. Januar 1938 im Exil in Rom zur Welt kommt, kann niemand damit rechnen, dass der Enkel des verjagten Königs Alfonso XIII. irgendwann einmal eine Rolle in Spanien spielen würde. Dem Land also, das seit 1931 eine Republik und nach einem blutigen Bürgerkrieg auf dem Weg in eine faschistische Diktatur unter General Franco ist. Zumindest die Namensgebung für den Kleinen ist königlich: Juan Carlos Alfonso Victor Maria de Borbón y Borbón-Dos Sicilias, Prinz von Asturien.

Als der Junge zehn Jahre alt ist, entscheidet sich Franco, seine Nachfolge zu regeln. Und die Wahl fällt auf den formbaren Juan Carlos und ganz bewusst nicht auf dessen Vater Don Juan. Dabei geht es gar nicht so sehr um die Person, es geht darum, dass der rechtsgerichtete Herrscher die Königsfamilie öffentlich demütigen will, indem er sich selbst zum Königsmacher aufschwingt. Die Bourbonen müssen sich diese Demütigung gefallen lassen, um die Hoffnung auf eine Rückkehr zur Monarchie nicht zu verspielen. Der kleine blonde Juan Carlos reist im September 1948 mit dem Zug nach Spanien, in ein Land, das ihm fremd ist. »Für mich ist General Franco das liebende Beispiel für die patriotische Hingabe an Spanien«, wird er später sagen. Was bleibt ihm auch anderes übrig, als sich zu fügen? Am 23. Juli 1969 legt der junge Mann seinen königlichen Eid auf den General ab und schwört ihm die Treue. »Wenn Sie sich daran halten, möge Gott Ihnen zur Seite stehen«, antwortet der Diktator. »Und wenn nicht, möge Gott es Ihnen befehlen.«

Nach dem Tod Francos 1975 wird aus seiner »stummen Marionette« ein König mit echtem Format. Juan Carlos beendet die Diktatur, eint das Land, lässt Parteien und Gewerkschaften zu und führt Spanien mit einer neuen Verfassung in die Demokratie und die Europäische Union.

60 Die heimliche Flucht
Ein Monarch macht sich aus dem Staub

»Wie tief steckt der Ex-Monarch im Korruptions-Sumpf?«, »Warum redet Juan Carlos von Spanien nicht endlich Klartext?«, fragen sich im Sommer 2020 viele Spanier, als der Skandal um Schmiergelder und Steuerhinterziehung die Königsfamilie erfasst.

Es war von Tag zu Tag unangenehmer für den emeritierten 82-Jährigen geworden. Ihm wird vorgeworfen, 100 Millionen Dollar als Provision vom saudischen König für den Bau eines Hochgeschwindigkeitszuges durch spanische Firmen kassiert zu haben. König Felipe muss an dem Tag, als wegen Corona der Alarmzustand in Kraft tritt, als Sohn auf das Erbe seines Vaters verzichten. Der Nachricht vom dramatischsten Einbruch der Wirtschaft seit dem Bürgerkrieg folgt ein royaler Brief! Ein öffentlicher Brief des Ex-Königs an seinen Sohn, der immerhin mit den Worten »Lieber Felipe« beginnt, danach aber weder Liebe noch Einsicht in eigenes Fehlverhalten zeigt.

Juan Carlos schreibt, es sei »eine wohlüberlegte Entscheidung gewesen«, abzuhauen, sich in einer Nacht- und Nebelaktion ins schicke Ausland abzusetzen. Anfangs hatte es geheißen, der König sei in die Dominikanische Republik geflohen. Das war dem alten Adeligen aber wohl zu wenig standesgemäß, und er beginnt heimlich im immer warmen Abu Dhabi sein neues Rentnerleben. Übrigens ohne Königin Sofia, die immerhin fast 60 Jahre brav und tapfer an der Seite des spanischen Königs ausgehalten hatte. Aber auch ohne einen Händedruck mit seinem Sohn, der seit 2014 regiert und der nun zu Hause die Scherben aufkehren muss, die er hinterlässt!

Es sei »eine Entscheidung, die ich mit tiefstem Bedauern treffe, aber mit großer Gelassenheit«, so Juan Carlos kurz und knapp, bevor er verduftet! Und sein Land, seine Frau, seine Familie, den König und enttäuschte Untertanen in sehr schwierigen Zeiten im Stich lässt. Aber verlauten lässt, bei der Aufklärung der Ungereimtheiten natürlich mithelfen zu wollen – natürlich!

61 Die einfache Königin

Eine von uns

»It's a gift to be simple«, singt Prinzessin Christina der Niederlande bei der Beisetzung ihrer Mutter, Ex-Königin Juliana, »Es ist eine Gabe, einfach zu sein«. Das Lied hatte sich die fast 95-Jährige bereits vor Jahren gewünscht, bevor die Demenz bei ihr einsetzte. So habe sie immer sein wollen, sagte Juliana in ihrem letzten TV-Interview, einfach und bescheiden. »Ich bin immer fortschrittlich gewesen. Alles, was konservativ war, konnte ich nie ausstehen.« Deswegen sollen ihre Töchter bei der Beisetzung in Delft auch Weiß tragen und nicht Schwarz. Mit dem feierlichen Staatsbegräbnis am 30. März 2004 nehmen 1.800 Trauergäste Abschied von der einfachen Königin, darunter Vertreter aus 14 Monarchien. Mehrere zehntausend Niederländer hatten den 13 Kilometer langen Weg von Den Haag nach Delft gesäumt, den letzten Weg der Königin, die 1980 die Krone nach fast 32 Jahren an ihre Tochter Beatrix abgegeben hatte.

»Mir wurde eine Aufgabe zugeteilt, die so schwierig ist, dass niemand freiwillig danach begehren würde. Die aber andererseits auch so schön ist«, sagt Juliana, als sie 1948 die Regentschaft von ihrer Mutter Königin Wilhelmina übernimmt. Die hatte Juliana auch den deutschen Mann ausgesucht, Prinz Bernhard zur Lippe-Biesterfeld, zwar nicht die erste, aber eine stabile Wahl. »Wie kamst du auf die idiotische Idee, mich zu heiraten?«, fragt Juliana ihren Mann in einem TV-Interview. »Fandest du das so idiotisch?«, entgegnet er überrascht. Und die Königin sagt: »Ja!«

Den unheilvollen Einfluss einer obskuren Geistheilerin auf Juliana, die ständigen Affären ihres Mannes, seine beiden unehelichen Kinder oder den Lockheed-Skandal 1976 meistern die beiden gemeinsam. Bei der Beisetzung seiner Frau müssen Königin Beatrix und Prinzessin Irene ihren Vater stützen. Er stirbt nur neun Monate nach Juliana, nach 67 gemeinsamen, nicht immer ganz »einfachen« Jahren.

62 _ Der Herrscher eines Weltreiches

Ein Monarch scheitert an seinen hohen Idealen

Wer würde Begriffe wie Globalisierung, europäische Einigung oder Networking mit einem Monarchen in Verbindung bringen, der vor mehr als 520 Jahren geboren wurde? Doch Karl V., Kaiser des Heiligen Römischen Reiches, hat selbst Dinge wie das »Mobile Office« oder die »Lobbyarbeit« in sein tägliches Managerleben integriert. Der Prinz aus Burgund, der in Aachen zum König und vom Papst zum Kaiser gekrönt wird, ist Herrscher eines Reiches, in dem die Sonne niemals untergeht. Sein Imperium reicht von Mexiko bis zu den Philippinen. Der Habsburger will Europa vereinen und nutzt Investoren wie die Bankiersfamilie Fugger, um sich die Krone zu kaufen. Sein »Mobile Office« ist der Rücken seines Pferdes, vom dem aus er sein riesiges Reich regiert. Seine treue Lobby ist seine stets loyale Familie.

Karl V. wird mit nur 19 Jahren deutscher König und später Kaiser und baut sein ganzes Leben auf dem Glauben an eine unteilbare christliche Kirche auf. Die Reformation unter Martin Luther kann er nicht verhindern. Genauso wenig wie die unzähligen Toten, die in Mittel- und Südamerika in seinem Namen zu beklagen sind. Dem Friedenskaiser haftet noch heute das Blut der Ausbeutung an. Die Osmanen kann er nicht so in Schach halten, wie es der Papst wünscht. Und als seine geliebte Frau Isabella von Portugal stirbt, hat der Monarch keine Kraft mehr. Das noch nie Dagewesene tritt tatsächlich ein, der römisch-deutsche Kaiser dankt nach 35 Jahren ab, politisch gescheitert und von Gicht gezeichnet. »Mein Ziel habe ich nicht erreicht«, schreibt der royale Idealist 1555. »Ich bitte alle, denen ich zu nahe getreten bin, mir zu vergeben.«

Karl V. zieht sich ins Kloster Yuste zurück, bemüht, seine eigene Würde irgendwie wiederzuerlangen. Eine winzige Mücke bringt den Weltherrscher und Kriegsherrn dann schließlich zu Fall. Der Ex-Kaiser stirbt am 21. September 1558 an Malaria.

63 Die teuerste Wette der Welt

Mit den royalen Waffen einer Frau

Sie wären das Glamourpaar der Antike gewesen, wenn es den Ausdruck vor mehr als 2.000 Jahren schon gegeben hätte. Er der Imperator des Römischen Reiches, das sich damals rund ums Mittelmeer, von Portugal bis zum Kaspischen Meer erstreckt, sie die sagenumwobene Herrscherin über Ägypten: Marcus Antonius und Königin Kleopatra. Und alle haben wir genau jetzt das hübsche Gesicht von Liz Taylor aus dem Historien-Schinken von 1963 vor Augen! Doch weg damit, denn niemand weiß, wie die letzte Pharaonin Ägyptens tatsächlich ausgesehen hat. Es gibt nur einen grob behauenen Stein, der angeblich das Gesicht Kleopatras zeigt, und eine Silbermünze. Auf der hat die antike Schönheit eine fliehende Stirn, ein spitzes Kinn und eine ziemlich kantige Nase!

Was nach ihrem Tod aber daraus gemacht wurde, ist klassische Ikonenbildung. Kleopatras Schönheit wurde gepriesen von William Shakespeare bis Asterix. Da passt die Liebe zum starken Eroberer natürlich bestens ins Bild. Macht macht ja bekanntlich sexy, und mächtig waren sie beide, Kleopatra und Marcus Antonius. Und eines Abends trug es sich zu, dass die Königin und der Römer um das teuerste Dinner aller Zeiten gewettet haben sollen.

Kein Problem, denkt sich der so Herausgeforderte und lässt die exotischsten und wertvollsten Speisen aus allen Winkeln des Weltreiches herbeischaffen, um seine Geliebte zu beeindrucken und um die Wette (und auch die Nacht mit ihr) zu gewinnen. Da greift Kleopatra sich ans Ohr, löst die angeblich teuerste Perle der Welt aus dem Ohrring und wirft sie in ein Glas. Darin ist stark verdünnter Essig, die echte Perle schmilzt vor den Augen des Feldherrn zu einer glibberigen Kugel, die die Herrscherin von Ägypten mit einem Schluck herunterspült. Die Perle war teurer als alles, was auf dem Tisch liegt, Kleopatra hat die Wette für die royale Ewigkeit gewonnen!

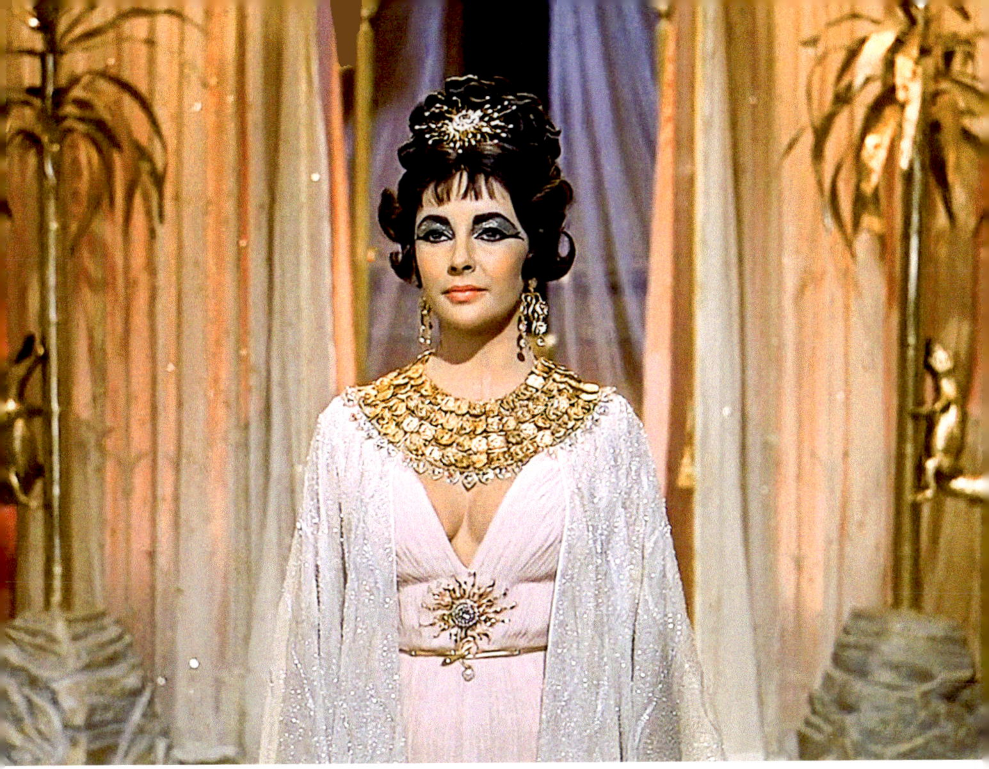

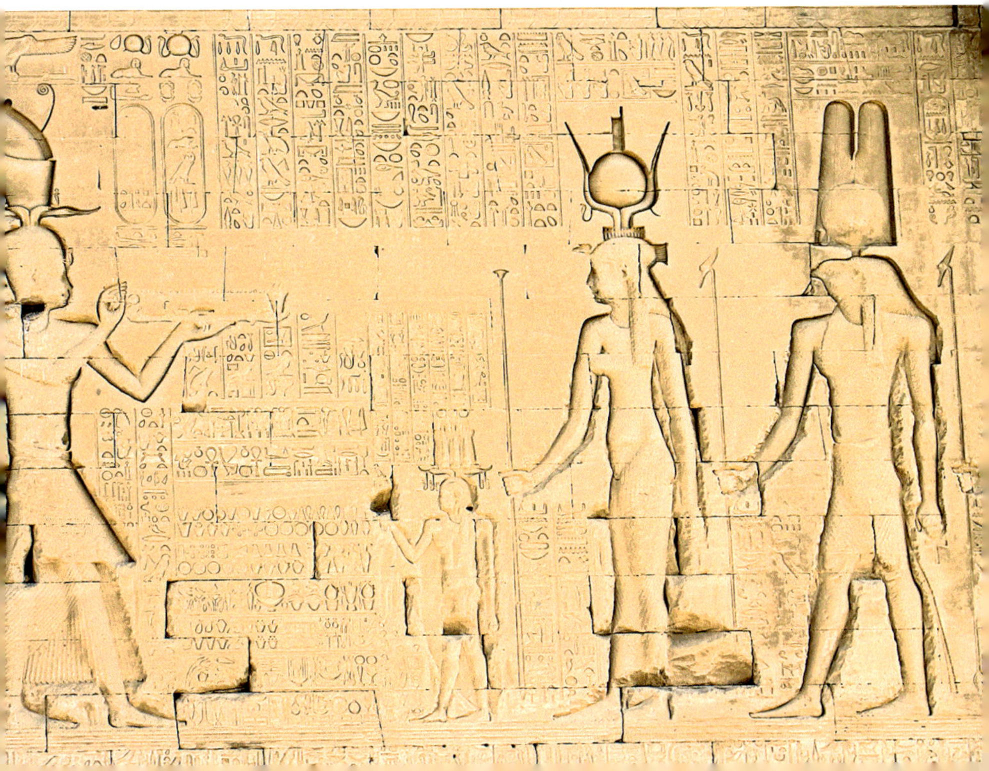

64 Die deutsche Frau von König Heinrich VIII.

Zum Glück zu hässlich für das Schafott

Sie ist die erste Deutsche, die Königin von England wurde. Das Grab der Anna von Kleve liegt heute versteckt an der Südseite des Hochaltars von Westminster Abbey. Seit 1557 ruht die Gattin von Heinrich VIII. dort, und zwar körperlich unversehrt, was durchaus erwähnenswert ist bei einem König, der für seinen Frauenverschleiß bekannt ist – unter gelegentlichem Einsatz von Enthauptungen! Anna von Kleve entgeht diesem Schicksal wohl dadurch, dass der König sie schlicht und ergreifend als zu hässlich befindet! Zu hässlich, um im royalen Ehebett mit ihr auf Touren kommen zu können, weshalb er die 1540 geschlossene Ehe nach nur sechs Monaten annullieren lässt, weil sie nicht vollzogen worden sei.

Anna ist die Tochter des Herzogs von Jülich-Kleve-Berg und wird 1515 geboren. Da sitzt Heinrich schon sechs Jahre auf dem englischen Thron und ist zum ersten Mal verheiratet, mit Katharina von Aragón, der Witwe seines Bruders. Weil sie aber nur ein Mädchen und keinen männlichen Thronfolger zur Welt bringt, lässt der König die Ehe gegen den Willen des Papstes auflösen. Doch auch Anne Boleyn schenkt dem brutalen Monarchen nur eine Tochter, und die Königin wird hingerichtet! Jane Seymour ist Ehefrau Nummer drei, die endlich einen Jungen zur Welt bringt, kurz darauf aber im Kindbett stirbt. Jetzt kommt Anna von Kleve ins Spiel, weil Heinrich VIII. protestantische Verbündete auf dem Kontinent gegen den französischen König und den Deutschen Kaiser braucht.

War Anna, die Nummer vier, wirklich so hässlich, oder hatte sich der Monarch politisch verkalkuliert? Egal, er will sie schnell wieder loswerden, und das Mädchen aus der deutschen Provinz versteht die Welt nicht mehr. Sie ist aber immerhin so klug, die Gründe der Annullierung zu bestätigen. Damit rettet Anna von Kleve ihren Hals. Sie überlebt Heinrich und auch zwei weitere Ehefrauen.

Ann of Cleve

From the Original Drawing by Hans Holbein.

Engraved by F. Bartolozzi. R.A. Historical Engraver to his Majesty.

IN HIS MAJESTY'S COLLECTION

Published as the Act directs June 8. 1796. by I. Chamberlaine, Brompton Row, Knightsbridge.

65 Die mutige Prinzessin

Der dramatische Fluchtversuch aus dem goldenen Käfig

War sie naiv oder mutig? Mutig oder gar todesmutig? Zumindest scheint die Prinzessin aus dem Morgenland im Februar 2018 keine andere Möglichkeit mehr zu sehen und schickt einen spektakulären Hilferuf in die Welt: »Ich mache dieses Video, weil es das Letzte sein könnte, das ich machen kann!«

Die junge Frau heißt Latifa al Maktum und ist Tochter des Herrschers von Dubai, der auch Premierminister der Vereinigten Arabischen Emirate ist, Muhammad bin Raschid al Maktum. »Ich werde Dubai bald verlassen, irgendwie«, sagt seine 32-jährige Tochter. Denn sie fühlt sich gefangen im goldenen Käfig des glanzvollen Emirats, ohne Internet, ohne Freunde, ohne Rechte. »Wenn mir etwas passiert, kann dieses Video helfen, denn mein Vater tut alles, um sein Ansehen in der Welt zu wahren«, so die Prinzessin und ergänzt: »Dafür tötet er auch!«

Latifa kennt also die Gefahr, 2002 hatte sie schon einmal versucht zu fliehen, macht sich dennoch mit Hilfe einer Freundin aus Finnland erneut auf den Weg in den benachbarten Oman. Dort geht sie an Bord eines Schiffes, das sie über Indien in die USA bringen soll. Der Kapitän ist Franzose, das Schiff fährt unter US-Flagge. Nach neun Tagen, als die rettende Küste Indiens bereits in Sicht ist, wird das Boot – angeblich mit Unterstützung des israelischen Geheimdienstes – gestürmt und Prinzessin Latifa zurück nach Dubai gebracht! Weggesperrt und mundtot gemacht. »Wenn man dieses Video sieht, könnte es sein, dass ich tot oder in einem sehr, sehr schlechten Zustand bin«, heißt es im Video! Eine Vorahnung?

Wie es ihr heute, mehr als drei Jahre nach dem verzweifelten Hilferuf, geht, welche Konsequenzen Prinzessin Latifa zu tragen hatte, weiß niemand genau. Oder diejenigen, die es wissen, die schweigen. Denn kein Märchen aus Tausendundeiner Nacht beginnt mit den Worten: »Ich mache dieses Video, weil es das Letzte sein könnte, das ich machen kann!«

66 Der Prinz und die Journalistin

Eklat vor laufenden Kameras

Es ist ein Hosenanzug, und es ist ein klares Statement! Das hatte vor Letizia Ortiz noch keine künftige Königin gewagt: nicht in einem netten Kleidchen oder einem hübschen Kostüm an der Seite des Thronfolgers vor die Weltpresse zu treten. Einen Hosenanzug von Armani, und noch dazu in Weiß – die Farbe der Unschuld –, trägt die künftige Königin von Spanien, die bereits einmal verheiratet war. Doch die selbstbewusste Moderatorin hat dieses TV-Lächeln, das Menschen in ihren Bann zieht. Und so ist der weiße Hosenanzug an diesem 6. November 2003 fast schon wieder Nebensache, als Letizia das Zepter an sich reißt und Kronprinz Felipe anfährt: »Lass mich mal ausreden!«

Es ist eine Schrecksekunde, Felipe kichert verlegen, die Journalisten stimmen mit ein, und Letizia macht weiter, als habe sie dieses Fettnäpfchen nicht bewusst kopfüber genutzt. Um klarzumachen, dass die künftige Königin von Spanien keine süße kleine Maus ist, die die Klappe hält. 2005, ein Jahr nach der Regen-Hochzeit von Madrid, machen Magersucht-Gerüchte die Runde, und der Palast – dementiert! Ein Novum, denn bislang wurden private Dinge totgeschwiegen. Auch 2008 nach einer Korrektur an Nase, Kinn und Wangen bestätigt ihr Büro den Eingriff – der aber medizinisch notwendig gewesen sei! Die Spanier lächeln über ihre selbstbewusste Königin, die es allerdings nie geschafft hat, sich in die Herzen der Menschen zu bringen. »Die Eiskönigin«, wie Letizia genannt wird, ist Perfektionistin, repräsentiert ohne Tadel und ist eine phantastische Mutter, die sich auch öffentlich einen Schlagabtausch mit ihrer übergriffigen Schwiegermutter Sofia liefert. Der weiße Hosenanzug lässt grüßen!

Den hat Letizia erst 15 Jahre später beim Besuch in Marokko noch einmal getragen. Am Valentinstag, dem Tag der Liebe, ohne allerdings ihrem Mann wieder so herrlich selbstbewusst ins Wort zu fallen. Schade eigentlich.

67 Die letzte Inselkönigin
Royale Sehnsucht nach dem Paradies

Die letzte Königin von Hawaii sitzt nachdenklich auf ihrer Veranda und schreibt beim Blick über das blaue Meer: »Aloha 'Oe, lebe wohl, lebe wohl! Süße Erinnerungen kehren zu mir zurück und lassen die Vergangenheit in frischen Bildern auferstehen.« Das Lied »Aloha 'Oe« ist für alle Fremden der Inbegriff von Hawaii: von endlosen Stränden, hohen Wellen, praller Sonne und glücklichen Menschen auf ihrem abgelegenen Inselarchipel im Pazifischen Ozean. Lili'uokalani, die diesen weltweiten Hit schreibt, ist die erste und auch die letzte legitime Königin von Hawaii. Eine Monarchin, die erst von den Amerikanern von ihrem Inselthron gejagt wird und die dann zusehen muss, wie die USA ihr schönes Reich 1898 annektieren – und bis heute als 50. Bundesstaat nicht wieder hergegeben haben.

Als Lili'uokalani am 29. Januar 1891 in Honolulu zur Königin gekrönt wird, weiß sie, dass sie es als schwarze Frau gegen die vielen Siedler aus Europa und den USA nicht leicht haben wird. Ihr Volk ist arm und arbeitet hart auf den Zuckerrohrplantagen der Fremden. Die weißen Einwanderer verdrängen die hawaiianische Kultur immer mehr. In den etwa 150 Liedern und Texten der Königin mischen sich der Schmerz, den sie angesichts des schleichenden Untergangs ihres Volkes empfindet, und der Kummer über ihr eigenes Schicksal. Denn mit 24 hatte sie den US-Amerikaner John Owen Dominis geheiratet, der als ihr machtbewusster Prinzgemahl aber verhindert, dass die Hawaiianer wieder mehr Einfluss in ihrem eigenen Land bekommen. Und das betrifft auch seine Frau, die Königin.

Diese wird 1893 von US-Militärs eingesperrt und zur Abdankung gezwungen. Lili'uokalani flüchtet sich bis zu ihrem Tod 1917 mit 79 Jahren in die Musik. Ihr Volk war da längst zur Minderheit im eigenen Land geworden und hatte den USA nichts entgegenzusetzen. Das paradiesische Königreich Hawaii war nach knapp hundert Jahren untergegangen.

68 Die Spionin von Versailles

Eine royale Influencerin packt aus

Sie war Boulevardzeitung, Klatschblatt und Nachrichtenagentur in einer Person. Denn Liselotte von der Pfalz, die Schwägerin von Ludwig XIV., war eine royale Spionin am Hof von Versailles. Sie schrieb etwa 60.000 Briefe, von denen knapp 5.000 erhalten sind. Notizen einer Insiderin, die kein Blatt vor den Mund nimmt und die Nachwelt mit all den pikanten und schmutzigen Geschichten versorgt, die heute noch den Mythos des französischen Königshofes nähren: als degeneriert und brutal, aber zugleich auch als faszinierend.

»Sie war bieder«, schreibt ein Zeitgenosse über Liselotte. »Sehr deutsch in ihrem Verhalten.« Geboren in Heidelberg, verheiratet Kurfürst Karl Ludwig von der Pfalz seine 19-jährige Tochter nach Frankreich. 1671 muss sie den Bruder von Ludwig XIV., Herzog Philippe d'Orléans, heiraten, einen ungebildeten, eitlen Adeligen, der zudem eigentlich auf Männer und nicht auf Mädchen aus der Pfalz steht.

Das zügellose Lotterleben am Hof von Versailles schockiert Liselotte, und sie fängt an, alles zu notieren, was dort hinter den Palastmauern geschieht. Über die Fressgier des Sonnenkönigs schreibt sie: »Ich habe ihn oft vier Teller Suppen, einen ganzen Fasan, ein Rebhuhn, Hammelfleisch mit Brühe, Backwaren, Obst und harte Eier essen sehen.« Alltag! Doch zwischen den Zeilen berichtet die Chronistin auch von Giftmorden und vom gar nicht königlichen Umgang des *Roi* mit Mätressen und Hofdamen. Ihre gesammelten Briefe werden zu einer bedeutenden Chronik des Barocks.

Sie selbst darf Frankreich auch nach dem Tod ihres ungeliebten Mannes nicht verlassen und wird in ihren Briefen immer bitterer. Als der König erkrankt, schreibt Liselotte: »Er erscheint dick und alt, wird von Tag zu Tag faltiger.« In einem ihrer letzten Briefe vor ihrem Tod 1722 schreibt die 70-Jährige: »Ich habe es jederzeit für eine Ehre gehalten, die deutschen Maximen zu behalten, obwohl sie hier nicht gefallen.«

69__Der Tod im See

Der Mythos lebt weiter

Zwei Männer kämpfen am Ufer des Starnberger Sees heftig mitein-ander, und niemand will etwas gesehen haben? Will einer den ande-ren daran hindern, sich selbst umzubringen, und niemand will etwas gehört haben? Der ältere wird von dem jüngeren Mann gewürgt und unter Wasser gedrückt, und niemand will den König erkannt haben, der dem Nervenarzt Bernhard von Gudden die Kehle zudrückt? Die-ser letzte Akt im Drama um den bayerischen Märchenkönig Lud-wig II. soll völlig lautlos und unbemerkt geschehen sein, obwohl das gesamte Diplomatische Corps in der Nähe, in jedem Bauernhof Soldaten einquartiert waren und die Polizei am Ufer patrouilliert hat? Kaum denkbar!

Die Fakten: Am Abend des 13. Juni 1886 ertrinkt König Lud-wig II. im Alter von 40 Jahren im Starnberger See, der da noch Würmsee heißt. War es ein Unfall, war es Selbstmord, oder ist der bayerische Monarch einem politischen Komplott zum Opfer gefallen und ermordet worden? Ludwig II. ist seit fünf Tagen von Amts wegen entmündigt, weil er »unheilbar seelengestört« sei und an »einer Geisteskrankheit mit Namen Paranoia« leide, so Ner-venarzt Dr. Gudden und drei weitere Mediziner in einer Ferndia-gnose. Der königliche Leibarzt wird nicht gehört, der Monarch nicht untersucht! In seinem letzten Brief fragt Ludwig: »Wer kann hinter der schändlichen Verschwörung, einem solchen Verbrechen stehen?« Seine Minister, denen der verschwenderische Märchen-könig immer mehr entglitten war und der noch mehr Millionen für Bauprojekte wollte? Sein Onkel Luitpold, der ihm auf den Thron folgen wird?

Ob Ludwig tatsächlich geisteskrank war, ist bis heute umstritten. Wie der dick gewordene Schönling, dem fast alle Zähne ausgefallen waren, zu Tode kam, wird wohl für immer ein royales Geheimnis bleiben. Ganz genau so, wie es der verkannte Regent immer gewollt hatte: »Ein ewiges Rätsel bleiben will ich mir und anderen.«

70__Das royale Drama
Ein Mord zwischen Shakespeare und Legende

Hand aufs Herz: Wer weiß noch genau, wer da im Shakespeare-Drama »Macbeth« gegen wen gekämpft hat? Da prophezeien Schicksalsschwestern eine goldene Regentschaft des Schottenkönigs Macbeth. Der aber hat ein Problem, denn der legitime Regent König Duncan hat keine Lust abzutreten. Also muss er sterben! »When shall we three meet again«, »Wann sehen wir drei uns wieder«, heißt es im Shakespeare-Epos von 1606, und es geht darin um Verrat, Herrschsucht, Mord und Wahnsinn.

Doch wer war der echte Macbeth? Dass er tatsächlich gelebt hat und König von Schottland war, überliefert eine Chronik, die sich auf den Eremiten Marianus Scotus beruft. Der Mönch schreibt, dass am 14. August 1040 König Duncan von seinem Heerführer Macbeth erschlagen worden sei. Damals gibt es in Schottland kein geregeltes Erbrecht, wonach der Erstgeborene dem Vater auf den Thron folgt. Statt dieser Primogenitur existiert eine royale Versammlung geeigneter Männer, aus deren Mitte der künftige König bestimmt wird. Und wo es viele Bewerber gibt, da sind auch Intrigen und Ränkespiele an der Tagesordnung.

Genau wie bei Shakespeare. In dessen Stück beschließt Macbeth, den braven, älteren König Duncan zu ermorden: »Ist das ein Dolch, was ich vor mir erblicke?«, sagt der Titelheld. Kunst oder Fake News? Denn der historische König Duncan ist nicht älter als Macbeth, ist unbeliebt und erst seit sechs Jahren im Amt, so Marianus Scotus. Seine Herrschaft endet in einer Revolte mit Macbeth an der Spitze, also auf dem Schlachtfeld und nicht mit einem hinterlistigen Meuchelmord.

Macbeth aber wird König von Schottland und regiert 17 Jahre lang erfolgreich. Wie der reale König am 15. August 1057 stirbt, darüber schweigen die Quellen. Sein Grab auf der heiligen Insel Iona wurde nie gefunden. Der echte König Macbeth ist fast vergessen, der Theater-Tyrann von Shakespeare hingegen ist unsterblich.

71 Die Angst vor dem Rampenlicht

Das Seelenleben eines royalen Mädchens

Sie war, seit ich in den 1990er Jahren begonnen habe, mich intensiv mit dem europäischen Adel zu beschäftigen, immer meine Lieblingsprinzessin. Weil sie so schön und so zerbrechlich war. Weil Madeleine von Schweden später das Herz gebrochen wurde und weil sie nie darüber sprechen durfte, was das mit ihr und ihrer Seele gemacht hat. Bis zum 11. Dezember 2015, als die jüngste Tochter von Königin Silvia und König Carl Gustaf in ihrer neuen Heimat London in der Talkshow »Skavlan« erzählt, was es heißt, Prinzessin zu sein, überall erkannt und auch für royale Zwecke benutzt zu werden.

»Ich stehe nicht gerne im Mittelpunkt, denn ich bin sehr schüchtern«, sagt die junge Mutter und blickt dabei ernst in die Kamera. »Man könnte denken, ich wäre daran gewöhnt und komme gut damit zurecht«, so die damals 33-Jährige mit einem kurzen Blick zu ihrem Mann Chris O'Neill neben ihr. »Aber das tue ich nicht.« Als Kind habe man sie zu offiziellen Fototerminen jedes Mal hinzerren müssen. Sie habe immer versucht, sich zu verstecken. Inzwischen hadere sie nicht mehr damit, eine öffentliche Person zu sein, sagt Madeleine. Und Sängerin Adele und Starkoch Jamie Oliver neben ihr nicken. »Ich kämpfe damit und arbeite daran«, sagt der Familienmensch, schaut ins Studiopublikum und ergänzt: »Und ich bin hier.« Der Applaus ist herzlich, Chris schaut verliebt zu seiner royalen Gattin, und die zeigt das schönste Lächeln des Abends.

Das Interview, diese ehrliche Charmeoffensive des Paares, schlägt in Schweden hohe Wellen und bringt in Gang, was der Palast knapp vier Jahre später verkünden kann: Der König hat beschlossen, dass die drei Kinder von Madeleine und die Söhne ihres Bruders Carl Philip nicht mehr Teil des Königshauses und auch keine königlichen Hoheiten mehr sind. Das hat der Opa schweren Herzens verfügt, und Madeleine von Herzen gedankt!

72 Die traurige Prinzessin
Immer im Schatten der Königin

Sie ist hübscher, lustiger und beliebter als ihre ältere Schwester. Die Prinzessin hat viele Männer, die Königin verliert ihr Herz bereits als Mädchen an den einen, mit dem sie dann mehr als sieben Jahrzehnte zusammenbleiben wird. Margaret ist reich, launisch und trinkfreudig, Elisabeth ist edel, ausgeglichen und maßvoll. Die eine ist zeitlebens *nur* die Nummer zwei, während die Nummer eins so gerne die Freiheiten ihrer Schwester in der zweiten Reihe gehabt hätte, diese aber als Familienoberhaupt und Königin oft einschränken musste. Elisabeth II. weiß im Rückblick, dass sie eine Mitschuld daran trägt, dass aus der faszinierenden Margaret im Laufe ihres langen royalen Lebens die traurige Prinzessin wird.

Als Ihre Königliche Hoheit im Sommer 2000 das letzte Mal in London in Covent Garden vor mir stand, konnte ich der damals 70-Jährigen durchaus ansehen, dass sie ihr kompliziertes Dasein auf Erden in vollen Zügen genossen und ihre Grenzen oft genug überschritten hatte. Nach einer Operation und einem Schlaganfall wirkte die Kettenraucherin aufgedunsen und müde. Nur anderthalb Jahre später stirbt die Countess of Snowdon sogar noch einen Monat vor Queen Mum.

Und so müssen Mutter und Schwester am 15. Februar 2002 in Windsor von einer Frau Abschied nehmen, die beiden Königinnen näher war als jeder andere Mensch der Welt. Sie hatten Margaret Mitte der 1950er Jahre auch verboten, ihre große Liebe, den geschiedenen Fliegeroffizier Pete Townsend, zu heiraten. Sie waren später bei ihrer Hochzeit und der schmerzlichen Scheidung vom Fotografen Antony Armstrong-Jones dabei, mit dem die Party-Prinzessin zwei Kinder hatte.

Affären, Skandale und wildes Promi-Treiben auf der Karibikinsel Mustique füllen jahrelang die Klatschblätter. Prinzessin Margaret ist bis heute die schillerndste Persönlichkeit der britischen Royals. Oft belächelt, manchmal bedauert, aber immer beliebt.

73__Die Chefin
Personalführung Fehlanzeige!

Das kleine Luxemburg ist unter den 44 Monarchien einzigartig, denn das Land ist das einzige Großherzogtum der Welt. Als unabhängiger Staat 1890 entstanden, nachdem in den Niederlanden Königin Wilhelmina den Thron bestieg. Bis dahin war der niederländische König – in Personalunion – auch Großherzog von Luxemburg, doch dort galt die ausschließlich männliche Thronfolge. Daher übernahm das Haus Nassau-Weilburg die Krone. Der aktuelle Großherzog Henri regiert seit 2000 und macht 2008 Schlagzeilen, weil er als Staatsoberhaupt freiwillig auf sein royales Vetorecht bei Gesetzen verzichtet. Aus Gewissensgründen hatte sich der Monarch geweigert, ein umstrittenes Euthanasie-Gesetz zu unterschreiben. Unterstützt wird der Großherzog von der temperamentvollen Maria Teresa. Die stolze Kubanerin und der sanfte Royal hatten sich beim Studium kennengelernt, sind seit 1981 verheiratet und haben fünf Kinder.

Am Hof in Luxemburg weht ein sehr rauer Wind, wie eine Prüfung 2020 ergibt. Ein Regierungsbericht spricht von »enormen Missständen« und einem »Klima der Angst«, das vor allem Maria Teresa verbreite. In fünf Jahren hatten 51 Mitarbeiter des Hofstaates gekündigt. »Es herrscht eine miserable Personalpolitik, die keinen Platz für kritische Stimmen lässt«, so die Prüfer. Zudem war klar geworden, dass die Großherzogin Geld, auch für private Dinge, ohne staatliche Kontrolle ausgegeben hatte. In einem offenen Brief muss Großherzog Henri seine Frau in Schutz nehmen und verwahrt sich gegen »unfaire Beschuldigungen« gegen Maria Teresa.

Die 63-Jährige soll getobt haben, wollen Insider wissen, aber auch die Großherzogin kann nicht verhindern, dass ihr eine – auf dem diplomatischen Parkett erfahrene – Hofmarschallin vor die royale Nase gesetzt wird, die künftig die Organisation und das Personalwesen verantwortet. Damit dürften Maria Teresas Alleingänge der Vergangenheit angehören.

74 Die legendäre Habsburgerin

Das »Reserl« und der »Mäusel« auf dem Thron

Das »Reserl« und der »Mäusel« lernen sich 1724 in Wien quasi im Sandkasten kennen. Der Junge kommt zur royalen Erziehung aus der Provinz an den kaiserlichen Hof, heißt Franz Stephan von Lothringen und verbringt viel Zeit mit der Tochter des österreichischen Kaisers Karl. Maria Theresia ist damals erst sieben. Sie nennt ihn liebevoll »Mäusel«, also Mäuschen. Er ruft sie in der Kurzform ihres zweiten Namens »Reserl«. Aus den Kindern werden Jugendliche, aus den Spielkameraden wird ein Liebespaar, was an europäischen Höfen damals absolut die Ausnahme ist.

Vor der Hochzeit am 12. Februar 1736 schreibt er: »Kein Bräutigam in der Welt kann von mehr Ergebenheit sein als euer Geliebter.« Das »Reserl« antwortet verliebt: »Ich war in Sorge, wie ein arm' Hündchen. Haben Sie mich ein bisschen lieb. Schonen Sie sich recht, ich bin die Ihrige!« Franz Stephan schont sich und legt sofort damit los, dies seiner jungfräulich-katholischen Braut auch zu beweisen. In 19 Jahren bekommt die Erzherzogin 16 Kinder. Nur zehn davon erreichen das Erwachsenenalter. Quasi nebenbei erobert Maria Theresia als Frau 1740 den Habsburger Thron, weil es keinen Bruder mehr gibt. Sie wirft ihr Riesenreich in den Siebenjährigen Krieg gegen Preußen und schiebt ihrem »Mäusel« zwischendrin sogar noch die römisch-deutsche Kaiserkrone zu – und wird so selbst Kaiserin.

Er kümmert sich ums Geld, sie um die Politik. Er hat den Titel, sie die reale Macht. Ein Powerteam auf Augenhöhe, ein Traumpaar in Schloss Schönbrunn! Maria Theresia ist eine royale Karrierefrau, die Beruf und Familie bemerkenswert gut unter einen Hut oder, in ihrem Fall, unter eine Krone bekommt. In der Kapuzinergruft in Wien liegen das »Reserl« und der »Mäusel« in einem Sarkophag, der an ein Ehebett erinnert. Die beleibten Figuren schauen sich verliebt an und halten ein Zepter – natürlich gemeinsam.

75__Der Star von Paris
Kuchen, Sex und wilde Gerüchte

Es gibt kaum eine europäische Königin, um deren Person sich mehr Gerüchte und Pikanterien ranken als um Marie-Antoinette, die Gemahlin des französischen Königs Ludwig XVI. Allein schon die Hochzeit der beiden Teenager aus strategischen Gründen ist skurril, sind doch der junge, schüchterne Thronfolger und die selbstbewusste Österreicherin gar nicht persönlich anwesend. Am 19. April 1770 wird die Ehe »per procurationem« geschlossen, also quasi per Vollmacht. Hätten sie es mal dabei belassen, denn als einen Monat später in Paris nachgefeiert wird, bricht nach der Explosion eines Feuerwerkskörpers eine Massenpanik auf der heutigen Place de la Concorde aus. Mindestens 139 Menschen sterben. Was für ein schlechtes Omen!

Mit 14 soll Marie-Antoinette schnell für Nachwuchs sorgen, doch es klappt viele Jahre nicht. Erst als ihr Bruder seinem royalen Schwager Nachhilfe in Sextechniken gibt, funktioniert es mit der Sicherung der Thronfolge.

Neben ihren diversen Bettgeschichten ist vor allem die Sache mit dem Brot in Erinnerung geblieben. Also der Satz über hungernde Bauern: »Wenn sie kein Brot haben, sollen sie doch Kuchen essen.« Ob sie tatsächlich diese arrogante Rokoko-Adelige war, über die der Philosoph Jean-Jacques Rousseau das so geschrieben hat, und ob es nicht durchaus auch ein Übersetzungsfehler des Wortes *brioche* war, ist heute nicht mehr zu klären. Klar ist aber: Seitdem gilt Marie-Antoinette als kalte und herzlose Königin.

Kalt, aber sehr höflich. Denn überliefert ist ihr letzter Auftritt auf dem royalen Parkett. Wir schreiben den 16. Oktober 1793. Auf jenem Platz, auf dem zu ihrer Hochzeit viele Menschen gestorben waren, schreitet die Königin zur Guillotine und tritt versehentlich einem Mann auf den Fuß. Ihre letzten Worte sind: »Pardon, Monsieur.« Der Mann, bei dem sich Marie Antoinette da entschuldigt, ist ausgerechnet ihr Henker!

76 Der Podcast

Intime Einblicke in ihr Sexleben

So ein Podcast ist etwas Feines. Schnell produziert und raus damit, sodass möglichst viele Menschen auch hautnah miterleben, was einen so bewegt – oder erregt, wie im Fall des Schamanen Durek Verrett. »Manchmal habe ich drei bis vier Mal am Tag Sex, und meine Freundin fragt immer: Solltest du nicht kommen? Und ich antworte: Nein, aber ich gebe dir so viele Orgasmen, wie du willst«, erzählt der US-Amerikaner 2019 in seinem Podcast »Ancient Wisdom Today«. Und die Royal-Fans in aller Welt wissen, wer diese ungenannte, aber wohl sehr leidenschaftliche »Freundin« des Schamanen ist: Prinzessin Märtha Louise von Norwegen, die Tochter von König Harald. Da wünscht man sich doch, dass die älteren Royals das neue Medium Podcast noch nicht für sich entdeckt hätten.

Seit Mai 2019 ist die ältere Schwester von Kronprinz Haakon mit Durek Verrett liiert, nachdem sie vorher als Geistheilerin gearbeitet hatte. »Er hat mir bewusst gemacht, dass bedingungslose Liebe tatsächlich auf diesem Planeten existiert«, sagt Märtha Louise. »Ich liebe dich von dieser Ewigkeit bis zur nächsten«, so die royale Esoterikerin.

Die Prinzessin und den Schamanen verbindet ein spirituelles Band, das sich nach ihrer Scheidung von Filmemacher Ari Behn 2016 geknüpft hatte. Doch schon vor der Ehe hatte die junge Royal regelmäßig für Schlagzeilen gesorgt, weil sie, wie sie sagte, mit Engeln kommuniziere. Das helfe ihr, »das eigentliche Ich zu entdecken«, so Märtha Louise, die die Engel nach eigenen Angaben dann auch für ihre eigenen Ziele einspannt.

Die Krone dafür einzuspannen, um als Prinzessin ihre Seminare zur Selbsterkenntnis und Meditation zu vermarkten, war aber dem König nicht so recht und wurde deshalb unterbunden. Doch die Details aus dem royalen Sexleben der 50-Jährigen sind immer wieder Thema im Land der Trolle und der kalten Winter. Und Märtha Louise ist auch künftig garantiert immer wieder für Schlagzeilen gut!

77__Die Hochzeit voller Tränen

»Adios Nonino«

Keine hat jemals so schön bei ihrer Hochzeit geweint wie Máxima der Niederlande. Keine künftige Königin hatte so lange dafür kämpfen müssen, endlich zur Liebe ihres Lebens offiziell Ja sagen zu dürfen. Keine Bürgerliche vor ihr musste den angeblich schönsten Tag im Leben eines Mädchens ohne ihre Eltern begehen – völlig allein und zugleich vor den Augen der ganzen Welt. Und dann erklingt sie, die Musik aus ihrer argentinischen Heimat. »Adios Nonino« von Astor Piazzolla, »Auf Wiedersehen Vater«. Der Vater, dessentwegen Máxima allein durch diese emotionalen Minuten gehen muss, sitzt in London, aber das wird erst später bekannt. Er heißt Jorge Zorreguieta und war Staatssekretär in der argentinischen Militärjunta von Diktator Videla, einem Schreckensregime, unter dem zwischen 1976 und 1981 bis zu 30.000 Oppositionelle »verschwanden«.

Ein solcher Mann als Schwiegervater des künftigen Königs der Niederlande? Undenkbar, auch wenn geheime Recherchen des Hofes ergeben hatten, dass Máximas Vater direkt keine Straftaten nachzuweisen sind. Doch nachdem Willem-Alexander Königin Beatrix klargemacht hatte, seine große Liebe definitiv heiraten zu wollen oder aber auf den Thron zu verzichten, muss die Königin handeln. Zusammen mit Premierminister Wim Kok zieht die Monarchin die Strippen für einen royalen Kuhhandel: Der Vater der Braut ist in Amsterdam unerwünscht! Im Gegenzug stimmt die Regierung der Heirat mit der hübschen Argentinierin am 2. Februar 2002 zu.

Als die letzten Töne des Akkordeons verklungen sind, als Máxima ihre Hand wieder aus der von Willem-Alexander gelöst und sich die Tränen aus den Augen gewischt hat, blinzelt sie nach vorne Richtung Altar, so als ob sie ihren Eltern eine heimliche Botschaft senden wolle. Die Botschaft, dass echte Liebe auch Distanzen überwinden und eine bessere Zukunft erschaffen kann.

78 Die Erschießung von Sisis Schwager

»Viva el México«

Mexiko ist sicher nicht das erste Land, das einem bei spannenden royalen Geschichten für die Ewigkeit einfällt. Aber Mexiko war tatsächlich und sogar mehrmals eine Monarchie. Zuletzt sogar ein Kaiserreich mit Maximilian von Mexiko an seiner Spitze. Doch wäre der nicht der jüngere Bruder von Kaiser Franz-Josef von Österreich und damit Schwager der legendären Sisi gewesen, wären die letzten Minuten in Maximilians Leben vielleicht für die Nachwelt verloren gegangen. Die letzten Minuten eines Herrschers, der nach einem Schauprozess auf einem Feld in Santiago de Querétaro erschossen wird. Es ist der 19. Juni 1867, als der Kaiser seine letzten Worte formuliert: »Ich sterbe für die gerechte Sache. Mein Blut tilge das Unglück meiner neuen Heimat. Viva el México!« Dann knallen die Schüsse. Ein tragischer Monarch, der von Napoleon getäuscht, von seiner Frau getrieben und von seinem Bruder im Stich gelassen worden war, ist tot.

Mit Maximilian stirbt das »Imperio Mexicano« und ist die Monarchie in Mittelamerika endgültig Geschichte. Das Land hatte zuvor fast 300 Jahre unter der Herrschaft der spanischen Krone gestanden, wurde erst Kaiserreich, dann eine Republik, auf die es Frankreich abgesehen hat. Napoleon III. überredet Maximilian, die Kaiserkrone zu übernehmen, und der geblendete Mann geht auf das riskante Abenteuer ein. Seine Frau, Charlotte von Belgien, bestärkt ihn. Sie will endlich mit Schwägerin Sisi gleichziehen und auch Kaiserin werden. Ende April 1864 erreicht das Kaiserpaar Mexiko, wo sie aber niemand erwartet und wo niemand sie kennt!

Drei Jahre versucht Maximilian das zwischen Republikanern und ausländischen Mächten zerrissene Land zu einen – vergeblich. Blutige Kämpfe entfachen, an deren Ende der Kaiser, der tragische Träumer, angeklagt und zum Tode verurteilt wird. Er schenkt jedem Schützen noch eine Münze, bevor die Gewehrsalven über das Feld hallen.

79_Der Kampf der Königin mit der Mätresse

Eine Braut tilgt die Schulden des Königs

Natürlich darf sich das royale »Rich-Girl« ihren adeligen Ehemann selbst aussuchen. Klar ist, dass Maria de Medici keinen Grafen oder Fürsten nehmen würde. Wie günstig, dass ausgerechnet der französische König Heinrich IV. bei der Bank ihrer Familie hohe Schulden hat, die er durch die Ehe mit der zielstrebigen Italienerin teilweise tilgen kann. Eine Win-win-Situation, würden Ökonomen heute sagen: Der alte König bezahlt mit der Mitgift der Frau, die er noch nie gesehen hat, seine Schulden, Signora de Medici katapultiert sich – und ihre expandierende Familie – als Königin direkt an den französischen Hof. Klingt einfach, ist es aber nicht.

Denn in Paris angekommen, wird Maria de Medici deutlich gemacht, dass ihre einzige Aufgabe darin besteht, dem mehr als 20 Jahre älteren König einen männlichen Thronfolger zu gebären. Das wusste die 25-Jährige auch schon vorher, denn was hätte sie erwarten sollen vom royalen Gemahl, der noch nicht einmal zur Hochzeit am 5. Oktober 1600 persönlich erscheint. Dumm für die florentinische Karrieristin ist aber vor allem, dass parallel auch die Lieblings-Mätresse des Königs, Henriette de Balzac d'Entragues, den gleichen Baby-Auftrag bekommt. Also kämpft die Königin zwischen den Laken mit der Geliebten des Monarchen um Anerkennung beim König selbst und um die Macht am Hof. Die perfekt vernetzte Mätresse nennt Maria das »dicke Florentiner Bankiersweib«, doch die lässt Taten sprechen. Am 27. September 1601 bringt sie in Schloss Fontainebleau den Thronfolger, den späteren König Ludwig XIII., zur Welt. Die verhasste Nebenbuhlerin kommt erst einen Monat später nieder.

Als ihr Mann Heinrich IV. 1610 nach einem Attentat stirbt, übernimmt Maria für den unmündigen Ludwig die Regentschaft und ist am Ziel ihrer Träume als alleinherrschende Königin von Frankreich. Bis ihr eigener Sohn seine Mutter höchstpersönlich kaltstellt!

80__Das Träneninterview

»Danke, dass Sie mich fragen!«

Es sind die Vorboten des »Megxit«, der Verabschiedung von royalen Pflichten und von der königlichen Familie. Nur dass im Oktober 2019 noch niemand ahnt, was in ein paar Wochen geschehen wird. Erst kämpft Prinz Harry, stolzer Papa des kleinen Archie, bei der Verleihung des »WellChild Award« mit den Tränen, als er von der Schwangerschaft seiner Frau Meghan erzählt. Kurz darauf zündet dann die Neu-Mama in einer TV-Dokumentation, die während der umjubelten Südafrikareise der beiden gedreht worden war, die nächste Stufe der royalen Emo-Rakete.

Meghan sieht blendend aus, sie trägt ein ärmelloses Nude-Kleid mit großem Kragen und Revers zum exklusiven Interview. Der Reporter fragt die 38-Jährige, wie sie ganz persönlich auf die Monate als Mutter, Ehefrau und Top-Royal zurückblicke. Es entsteht eine kurze Pause, dann bricht es aus Meghan heraus: »Jede Frau ist verletzlich, besonders wenn sie schwanger ist. Das hat es wirklich herausfordernd gemacht«, sagt sie mit leicht zittriger Stimme. »Erst recht, wenn man ein Neugeborenes hat.« Der kleine Archie ist natürlich mit dabei in Südafrika, darauf hätte wohl jede Mutter bestanden. »Vor allem als Frau bringt das viel mit sich, während man damit zurechtkommen muss, eine neue Mutter und frisch vermählt zu sein.« Dann folgt der Hammer. »Danke, dass Sie mich fragen«, sagt die ehemalige Schauspielerin. »Mich haben nicht viele Menschen gefragt, ob es mir gut geht!« An dieser Stelle wäre in der Anwaltsserie »Suits«, in der Meghan Markle die Rachel Zane spielte, ihr Gesicht in Großaufnahme mit dramatischer Musik eingefroren worden.

Beim britischen Sender ITV fragt der überraschte Reporter Tom Bradby nach: »Könnte man sagen, dass es Ihnen nicht wirklich gut gegangen ist, weil es ein ziemlicher Kampf war?« Pause. Mit feuchten Augen antwortet Herzogin Meghan ebenso kurz wie vielsagend: »Ja!«

81_Die Fehlgeburt

Die intime Beichte, die Frauen Mut macht

Wäre es Herzogin Kate, Prinzessin Beatrice oder irgendeine andere europäische Royal gewesen, hätte die Öffentlichkeit diese intime Beichte als mutig, modern und zutiefst ehrlich gelobt. Aber es ist Meghan, die Herzogin von Sussex, die in einem Beitrag für die »New York Times« von ihrer Fehlgeburt im Juli 2020 berichtet.

Und viele, noch ehe sie den Artikel gelesen haben, unterstellen der Frau von Prinz Harry PR-Absichten, fragen scheinheilig, welchen Zweck sie wohl verfolge, ein halbes Jahr nach dem »Megxit« endlich wieder weltweit in den Medien zu sein. Wie verlogen, kehrt die damals 39-Jährige doch ihr Innerstes nach außen und will Frauen, denen das gleiche Schicksal widerfahren ist wie ihr, Mut machen, will sagen, dass sie nicht allein sind, wenn sie ein Kind verlieren.

Meghan schreibt, sie habe dem einjährigen Archie gerade die Windeln gewechselt, als sie einen stechenden Schmerz gespürt habe und mit ihrem Sohn in den Armen zu Boden gesunken sei. »Ich summte ein Schlaflied, um uns zu beruhigen. Die fröhliche Melodie war ein starker Kontrast zu meinem Gefühl, dass etwas nicht stimmte«, erzählt die Frau von Prinz Harry, deretwegen dieser auf all seine royalen Pflichten verzichtet und die königliche Familie in London verlassen hatte. »Ich wusste, als ich mein erstgeborenes Kind umklammerte, dass ich mein zweites verliere.« Sie und Harry hätten dann um ihr ungeborenes Kind geweint. Sie habe seine tränennasse Hand gehalten und sie geküsst, so Meghan.

Der Palast äußert sich nicht dazu, Harrys Onkel Charles Spencer, der Bruder von Prinzessin Diana, sagt, das alles sei »sehr, sehr traurig«, und Experten loben den Mut Meghans, ein alltägliches Thema aus der Tabuzone zu holen.

Und eines sei hier festgehalten: Hätte Meghan es tatsächlich nur auf Publicity abgesehen gehabt, wäre sie mit dieser Geschichte – für sehr viel Geld – durch amerikanische Talkshows gezogen. Respekt!

82 Das legendäre n-tv-Interview

Die Kronprinzessin wird verbrannt

»Es tut mir schrecklich leid. Ich bin ganz entsetzt, dass das passiert ist!« Jeder merkt, dass die Worte von TV-Moderatorin Sandra Maischberger im Mai 2002 aus tiefstem Herzen kommen. »Es sind die höflichsten Monarchen, die ich je gesehen habe.« Die Rede ist von Kronprinzessin Mette-Marit und ihrem Mann Kronprinz Haakon von Norwegen. Vielleicht waren die beiden im Interview einfach zu höflich, um etwas zu sagen, als es zu heiß wurde. Zu nett, einfach aufzustehen und das Interview für den Nachrichtensender n-tv im Vorfeld ihres mehrtägigen Deutschlandbesuches einfach abzubrechen. »Man möchte sie am liebsten in den Arm nehmen«, so Maischberger, die das Interview gewohnt professionell geführt hatte.

Doch dafür ist es zu spät. Denn die sympathische Kronprinzessin liegt zu diesem Zeitpunkt in einem abgedunkelten Zimmer in Oslo, hat Schäden an der Hornhaut davongetragen, ist schneeblind und hat zudem massive Verbrennungen im Gesicht erlitten. Die damals 28-Jährige muss mit Kortisonsalbe behandelt werden. Auch Kronprinz Haakon ist im Gesicht verbrannt. Ein Foto zeigt den künftigen norwegischen König mit großen Hautfetzen, die sich von seinem Gesicht pellen.

Das Interview vor der Sommerresidenz Skaugum hatte nur eine knappe Stunde gedauert. Erst war von einem technischen Defekt und einem möglichen Fehler des Teams die Rede, dann stellte sich heraus, dass die unglückliche Kombination aus Scheinwerfern und reflektiertem Sonnenlicht die schweren Verbrennungen verursacht hatte. »Es ist okay« war der einzige Kommentar, der dem Kronprinzen in München fünf Tage später zu entlocken war. »Niemand konnte das vorhersehen.« Haakon muss seinen fünftägigen Besuch in Deutschland leider allein absolvieren, seine Frau bleibt auf Anraten der Ärzte zu Hause.

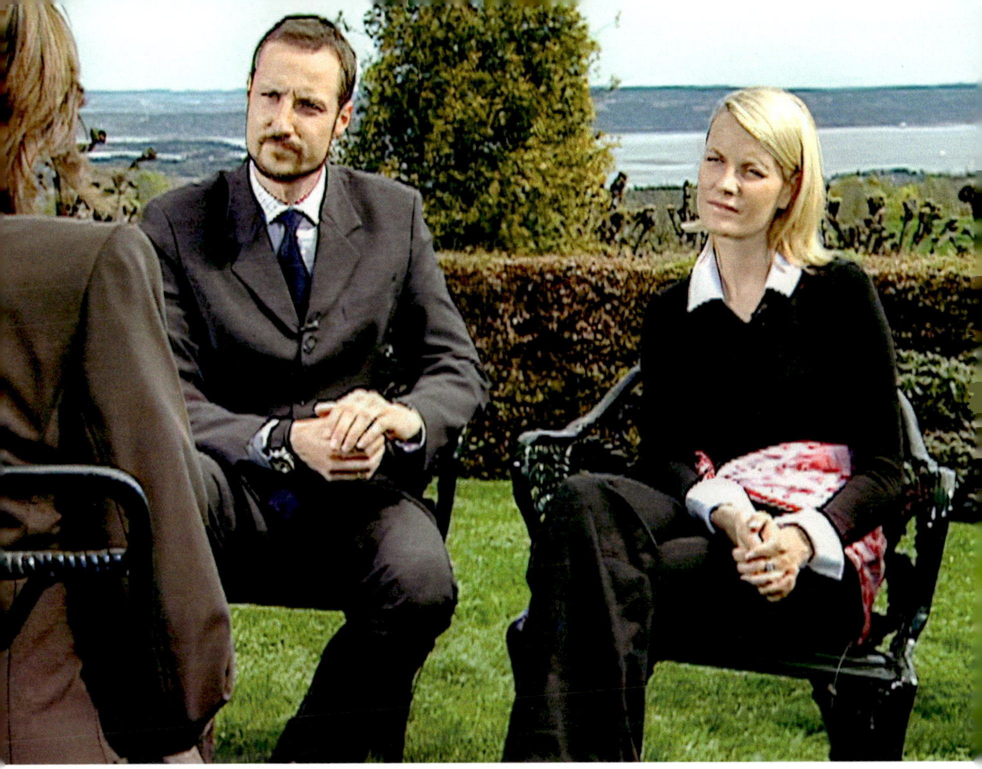

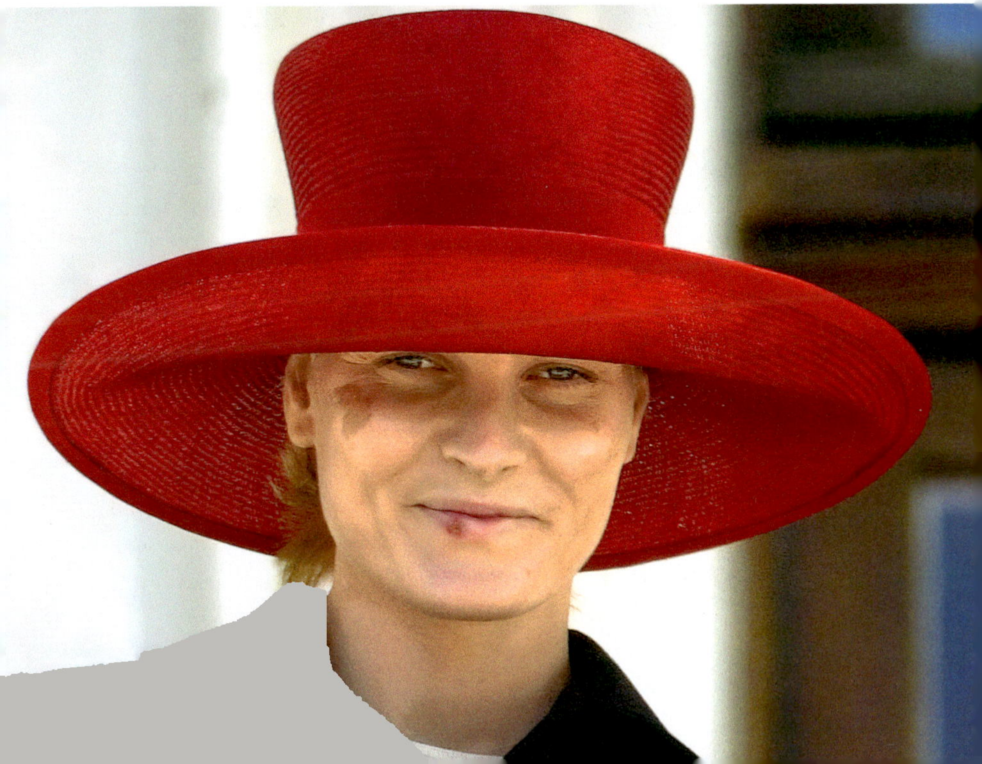

83 Der gescheiterte Hoffnungsträger

Ein Royal zwischen Anspruch und Wirklichkeit

Der junge Mann schwitzt heftig bei dieser ersten und überaus wichtigen Ansprache an sein Volk. Es ist der 30. Juli 1999, als König Mohammed VI. von Marokko schlank, ernst und schüchtern vor die TV-Kameras tritt. Der Nachfolger des autoritären Königs Hassan II. trägt eine traditionelle weiße Djellaba und klammert sich an sein Manuskript. Er gilt als Erneuerer, er ist das Symbol für eine bessere Zukunft des armen Marokko. Der studierte Jurist krempelt die Ärmel hoch und packt an, zumindest ein bisschen. Im Rückblick muss man sagen: Die Hoffnungen, die »M6« – wie man den König nennt – geweckt hat, hat er leider nicht erfüllt. Mohammed VI. ist heute reicher als jeder Herrscher vor ihm, er sitzt beim alljährlichen Defilee wohlgenährt und etwas gelangweilt unter einem Pavillon – und er ist allein. Denn seine Frau Lalla Salma ist weg!

Die Welt schaut am 21. März 2002 nach Rabat, als der König die kluge Informatikerin offiziell zur Frau nimmt. Und die Welt hält auch den Atem an, trägt die 24-jährige rothaarige Schönheit doch kein Kopftuch. Das ist revolutionär, das gab es noch nie. Auch, dass Salma in den Stand einer Prinzessin erhoben wird. Nach der Geburt der beiden Kinder engagiert sich die Prinzessin in verschiedenen sozialen Bereichen, sie wird das weltoffene Gesicht der angekündigten Reformen des Königs von Marokko. Frauenrechte und Krebsvorsorge liegen ihr besonders am Herzen. Bis 2018, als Lalla Salma plötzlich aus der Öffentlichkeit verschwindet.

Ohne dass es eine Erklärung des Palastes gäbe, hat sich das Paar wohl getrennt. Entgegen Gerüchten, die Mutter des Thronfolgers sei eingesperrt oder gar ermordet worden, wird die Noch-Frau von König Mohammed 2019 mehrmals mit ihren Kindern in Marokko und im Ausland gesehen. Doch die Zeit der inzwischen 43-Jährigen an der Seite ihres Mannes ist wohl für immer vorbei.

84___Der letzte Luxus-Monarch Afrikas

Das Volk hungert und der König shoppt

Unter den zurzeit 30 herrschenden Royals der Welt ist er der unbekannteste und zugleich schillerndste. König Mswati III. von Swasiland regiert eines der ärmsten Länder der Erde und hat laut »Forbes«-Liste ein privates Vermögen von 210 Millionen Euro. Swasiland, das der König inzwischen Eswatini nennt, liegt zwischen Südafrika und Mosambik, hat 1,4 Millionen Einwohner und ist neben Marokko und Lesotho das dritte Königreich Afrikas. Und die letzte absolute Monarchie des Kontinents, denn Parteien sind verboten, alle Macht liegt in den Händen des Königs, der Swasiland seit 1986 regiert. Der Herrscher genießt Immunität, und in den Medien darf nicht negativ über Mswati III. oder seine Familie berichtet werden.

Und die Familie des Königs ist sehr groß! Mswati III. ist oder war offiziell mit 14 Frauen verheiratet und hat inzwischen angeblich mehr als 30 Kinder. Und da der royale Familienausflug in Swasiland somit ein bisschen größer ausfällt als normal, hat der »Löwe«, wie der Monarch genannt wird, Ende 2019 wohl 139 Luxuskarossen für 15 Millionen Euro gekauft, darunter BMWs und Rolls-Royces. Entsprechende Fotos von vier Sattelschleppern mit den Autos für sich und seine Königinnen veröffentlichte die britische Zeitung »The Sun«. Der »Daily Telegraph« berichtet, der König habe zehn Luxuspaläste für seine Frauen und deren Kinder bauen lassen, während die Menschen in Swasiland in bitterster Armut gefangen sind. Die Lebenserwartung liegt nur bei etwa 50 Jahren, das Binnenland hat die höchste Aids-Rate der Welt, und die Wirtschaft hängt am Tropf internationaler Hilfe.

Die verbotene Oppositionspartei PUDEMO nennt Mswatis Autokauf angesichts der Armut im Land eine »eklatante Zurschaustellung von Arroganz«. Generalsekretär Wandile Dludlu sagt: »Der schamlose König verwöhnt sich und seine Familie, während er die Probleme jener Menschen ignoriert, die anzuführen er vorgibt.«

85__Der Eroberer

Vom Revolutionär zum mächtigsten Mann Europas

Kaum eine königliche Karriere ist so ungewöhnlich wie die des korsischen Provinzadeligen, der aus eigener Kraft zum Kaiser der Franzosen, zum mächtigsten Mann Europas aufsteigt. Als sich das Volk gegen die Monarchie und gegen die Dekadenz erhebt, springt Napoleon Bonaparte auf den Revolutionszug auf, um sich am Ende seiner blutigen Reise selbst zu krönen – zum Kaiser, denn *nur* König wäre dem royalen Karrieristen und gerissenen Feldherrn definitiv zu wenig gewesen.

Die Härte und die Durchsetzungskraft lernt der nur 1,66 Meter große Napoleon in einem Schleifer-Internat: »Obwohl ich nicht groß war, mangelte es mir nicht an Kraft«, prahlt er später. Auf dem Thron sitzt da Ludwig XVI. Überfordert mit den Staatsgeschäften, die Kassen gähnend leer, lässt er Hungerrevolten blutig niederschlagen. Mit dem Sturm auf die Bastille am 14. Juli 1789 weiß Napoleon, knapp 20 Jahre alt und erfolgreicher Karriere-Offizier, auf welcher Seite er stehen muss, um nach ganz oben zu kommen. Auf der Seite des Volkes, auf der Seite der Revolutionäre – zumindest offiziell! Denn tatsächlich will er für sich und seine Familie genau die uneingeschränkte Macht, die er dem König in Versailles zu entreißen gedenkt. Für den Dichter Heinrich Heine ist »Napoleon nicht von dem Holz, woraus man Könige schnitzt, er ist von jenem Marmor, woraus man Götter macht«.

In den folgenden Kriegs- und Bürgerkriegsjahren bleibt Bonaparte nur einer Seite wirklich treu: seiner eigenen. Er ist weder adelig noch bürgerlich, weder königstreu noch revolutionär, weder Royalist noch Republikaner. Er ist ein Opportunist, ein Mann der puren Macht. Einer, der ganz Europa als geschickter Feldherr mit Kriegen überzieht. Die Krönung seiner Laufbahn – und das im wahrsten Sinne des Wortes – erfolgt 1804 in der Kathedrale Notre-Dame in Paris. Napoleon entreißt dem überraschten Papst die Kaiserkrone und krönt sich kurzerhand selbst!

86 Die Ermordung seiner Familie

Der Untergang der Romanows

Jekaterinburg in Russland. In einem hermetisch abgeriegelten Palast lebt die Zarenfamilie nach der erzwungenen Abdankung in Gefangenschaft. Das Gebäude heißt »Haus zur besonderen Verwendung«. Der Kommunist Jacob Jurowski, den Zar Nikolaus II. in seinem Tagebuch »den schwarzen Mann« nennt, befiehlt den Romanows am Abend des 16. Juli 1918, »zum eigenen Schutz« in ein unteres Stockwerk zu gehen. Der ehemalige Herrscher über 140 Millionen Russen muss seinen Sohn Alexei, der an der Bluterkrankheit leidet, die Treppe hinabtragen, weil der Zarewitsch nicht laufen kann. Die vier Mädchen lächeln die Wächter an.

Zehn Soldaten betreten den Raum. Kommandant Jurowski nimmt ein Stück Papier aus der Tasche: »Angesichts der Tatsache, dass sich Ihre Verwandtschaft weiter gegen das sowjetische Russland stellt, hat das Präsidium des Obersten Ural-Sowjets beschlossen, Sie zum Tode zu verurteilen.« Jedem Schützen war ein Opfer zugewiesen worden, sodass es keine Verwirrung gibt. Zar Nikolaus II. wird ins Herz geschossen, seine Frau Alexandra, eine deutsche Prinzessin, in den Kopf. Beide sind sofort tot. Aber bei den Mädchen prallen die Kugeln an ihren Körpern ab. Der Grund: Sie hatten sich Edelsteine in ihre Korsette genäht, falls ihnen die Flucht gelingen sollte. Maria und Anastasia springen auf und versuchen wegzulaufen. Sie werden mit Bajonetten niedergeschlagen. Schließlich ist es still im Raum. Auch Thronerbe Alexei ist tödlich getroffen.

Jurowski schreibt, dass erst nach 20 Minuten alles vorbei gewesen sei. Die Leichen seien in Tücher gepackt, auf einen Lkw geladen und in einer nahen Miene vergraben worden. Die Romanows sind tot! Der Zaren-Mörder schließt seinen Bericht mit den kalten Worten: »Es war eine anstrengende Nacht. Menschen hinzurichten ist nicht so einfach, wie man meinen könnte.«

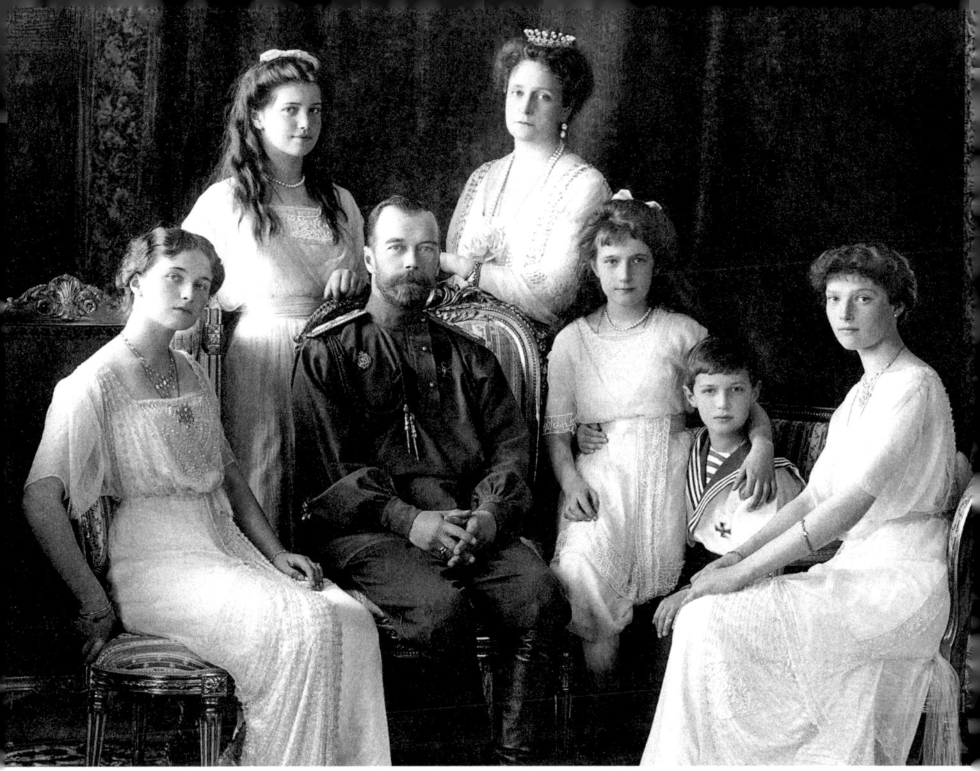

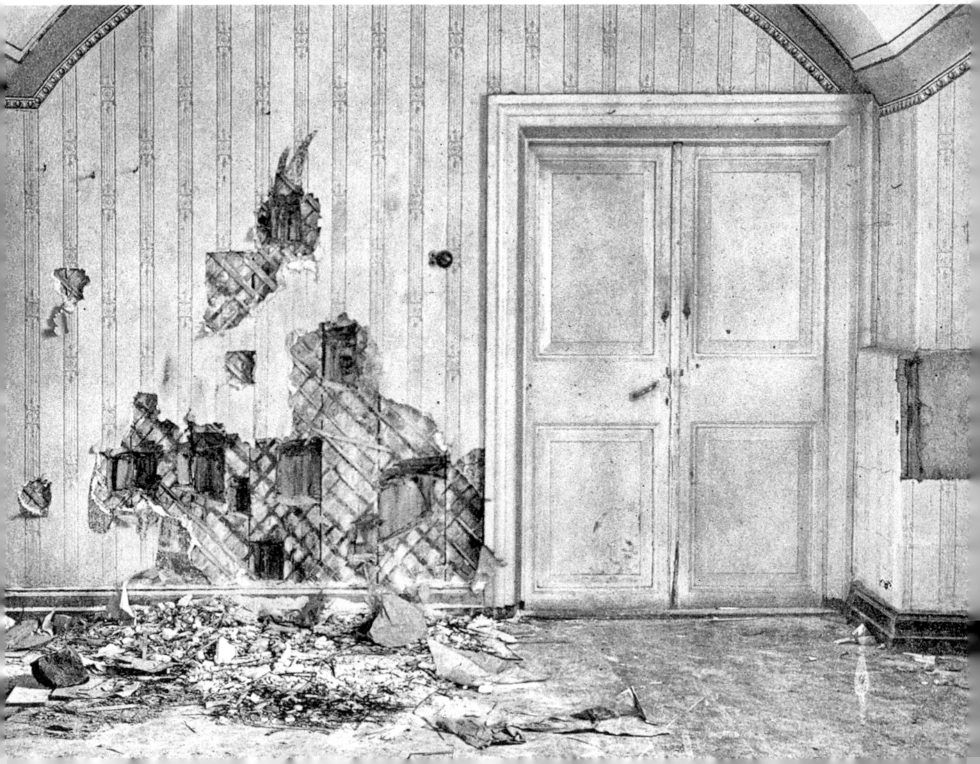

87__Der Sturz
Die Ajatollahs beenden die Monarchie

Die Geister, die er rief, wurde er nie wieder los. Diese Geister vertrieben den Schah von Persien von seinem Thron. Mohammad Reza Pahlavi täuschte sich gewaltig, als er von den religiösen Führern seines Landes annahm, sie seien »aus tiefstem Herzen Monarchisten«. Das waren die Ajatollahs in den 1970er Jahren keineswegs. Die Männer um Ajatollah Chomeini also, die den Kaiser und seine gesamte Familie außer Landes jagten und die Islamische Republik Iran gründeten.

Am 26. Oktober 1967, seinem 48. Geburtstag, geht ein Foto um die Welt, das den Schah und seine schöne Frau Farah Diba im Kreis ihrer Familie zeigt. Der Kaiser, der bereits seit 26 Jahren Herrscher des Landes ist, trägt Uniform und eine goldene, seine von ihm soeben gekrönte Gattin eine silberne Krone und einen meterlangen blauen Krönungsmantel mit weißem Pelzbesatz. Die beiden Kinder schauen schüchtern und aufgeregt in die Kamera. Nach einer ägyptischen Prinzessin und der unglücklichen Soraya hat Farah Diba dem Schah endlich den so notwendigen männlichen Nachfolger geschenkt, den damals fast siebenjährigen Cyrus Reza. Auf Staatsbesuchen in aller Welt verzaubert die moderne Farah Diba mit ihrem Charme und ihrem Stil die Massen. Sie prägt das Bild eines modernen Staates, während ihr Mann und seine Regierungen das eigene Land mit sehr harter Hand führen.

Am 16. Januar 1979 muss die kaiserliche Familie das Land verlassen, nachdem blutige Proteste und ein immer stärker werdender Klerus ihr Leib und Leben bedrohen. Eigentlich will der Schah aus dem Exil weiter die Geschicke des Iran lenken, doch er stirbt nur anderthalb Jahre später in Kairo an Krebs. Farah Diba lebt heute mit über 80 Jahren in Paris und träumt noch immer davon, wieder in ihr geliebtes Persien zurückkehren zu dürfen. Doch das wird wohl ein royaler Traum für die Frau bleiben, die auch heute noch als »Schahbanu«, als Kaiserin, verehrt wird.

88_ Die Heirat mit Hindernissen

Augen zu und durch!

Es ist kein Geheimnis, dass bis in die Gegenwart royale Ehen nicht aus Liebe, sondern aus Kalkül und dynastischen Interessen geschlossen wurden. Entschieden haben die adeligen Eltern, gefragt wurden die Brautleute meist nicht. Doch die Heirat des russischen Thronfolgers Peter mit der deutschen Prinzessin Sophie Auguste Friederike von Anhalt-Zerbst, die später als Katharina die Große in die Geschichte eingehen sollte, war schon ziemlich speziell. Denn die beiden konnten sich nicht nur nicht leiden, sie hassten sich von der ersten Sekunde an!

Es ist der 21. August 1745. Peter ist ein hässlicher, alkoholkranker und von Pocken entstellter Grobian. Seine deutsche Braut ein hübsches Ding, dass das Jawort und die unausweichliche Hochzeitsnacht als Mittel zum Zweck sieht. »Weil ich den Grundsatz hatte, den Menschen zu gefallen, nahm ich ihre Sitten an«, wird später in ihren Memoiren zu lesen sein. Sie ist Machtpolitikerin und merkt schnell, was im Russischen Reich machbar und was nicht machbar ist. »Der Großfürst besuchte mich manchmal abends in meinem Zimmer«, schreibt die Braut später über ihren lustlosen Ehemann. »Aber sehr viel lag ihm nicht daran, zu mir zu kommen.«

Ein Thronfolger wird erst nach neun Jahren geboren, wer der Erzeuger ist, darüber kann nur spekuliert werden. Peter erkennt aber erleichtert den kleinen Paul als seinen Sohn an. Der ist bereits 17 Jahre alt, als sein Vater als Zar Peter III. den Thron besteigt. Doch seine Frau Katharina ist viel besser vernetzt, strategischer und viel konsequenter. Am 9. Juli 1762, nach einem halben Jahr, putscht sie mit Hilfe ihres Geliebten, lässt sich selbst zur Zarin ausrufen und billigt, dass ihr Mann Zar Peter in Gefangenschaft erdrosselt wird. Der Weg, um in den kommenden 34 Jahren die legendäre Katharina die Große von Russland zu werden, ist endlich frei.

89___Der Felsen der Queen

Wo ist das nächste Fettnäpfchen?

Keinem anderen Royal hätte man seine Plumpheit so nachgesehen wie ihm. Kein anderer wäre belächelt statt beschimpft worden, so wie er. Niemand konnte sich in seiner sehr langen royalen Karriere so viel erlauben wie Prinz Philip, der treue Gefährte der Queen, der am 9. April 2021 kurz vor seinem 100. Geburtstag friedlich eingeschlafen ist. Es scheint, als habe seine Rolle, immer einen Schritt hinter Elisabeth II. laufen zu müssen, den Duke of Edinburgh regelrecht beflügelt, jedes Fettnäpfchen kopfüber zu nehmen. Seine öffentlichen Äußerungen sind legendär. Etwa als er bei einem Besuch in Australien die Ureinwohner fragt: »Werfen Sie noch mit Speeren aufeinander?« Oder in Papua-Neuguinea, als der Prinz zu einem Landsmann sagt: »Wie haben Sie es geschafft, hier nicht gegessen zu werden?«

Prinz Philip hat immer gerne provoziert: 1997 begrüßt er Bundeskanzler Helmut Kohl mit »Guten Tag, Herr Reichskanzler«, spottet beim Blick in einen Sicherungskasten: »Der muss von Indern gemacht worden sein, sonst wäre das ordentlicher«, oder sagt zum Outfit des nigerianischen Staatspräsidenten: »Sie sehen aus, als ob Sie sich schon fürs Bett fertig gemacht hätten!« Kultursensibilität? Fehlanzeige! Latenter Rassismus und Chauvinismus waren dagegen stets präsent beim Prinzen, der sich immer als Teil der Upper Class verstand und dicke Menschen hasste. Einen Jungen, der dem Herzog erzählt, er wolle Astronaut werden, fährt er an: »Du bist zu dick, du wirst nie fliegen.« Zu Tänzerinnen einer Bauchtanztruppe meint Philip: »Ich dachte, orientalische Frauen sitzen nur rum und stopfen sich mit Süßigkeiten voll.«

Und wenn er einmal in Fahrt war, bekam das auch seine Gattin zu spüren: »Hör auf zu quatschen und komm endlich!«, raunzte er seine Lilibet sogar öffentlich an. Und genau das vermisst die Queen jetzt so sehr. Und ihn, den Felsen in der Brandung ihrer historischen Regentschaft.

90___Die Karrieristin

Mit handfestem Sex zur heimlichen Königin von Versailles

Madame sitzt zu Tisch und diniert. Da wird ihr ein Brief des Außenministers gereicht, der eine Nachricht von Friedrich dem Großen an Voltaire weiterleitet. In den privaten Zeilen lästert der preußische König über die einflussreichste Frau am Hof von Versailles. Nein, Jeanne-Antoinette, geborene Poisson, ist nicht die Königin, sondern nur die Gespielin von König Ludwig XV. Friedrich schreibt, Madame de Pompadour, wie sie inzwischen heißt, habe Frankreich zu einem »Schandmal der Liebe« gemacht, indem sie den Monarchen zu einem »Spielzeug« degradiert habe.

Die so Dargestellte lächelt pikiert, aber auch ein wenig stolz. Mit Cleverness und Erotik schafft die Bürgerliche den Aufstieg nach ganz oben. Erst heiratet die 19-Jährige einen Mann, den sie nicht liebt, der ihr aber die Türen in die aristokratische Gesellschaft öffnet. Als drei Jahre später die aktuelle Mätresse des Königs stirbt, ist ihre Chance gekommen, und Jeanne-Antoinette setzt das ein, was sie hat und was sie bestens kann: ihren Körper und bürgerlichen Sex! Nach einem Maskenball, und nachdem im Privatgemach des lebenslustigen Ludwig alle Masken und Hemmungen gefallen sind, wird seine neue Favoritin offiziell zur »Maitresse en titre« erhoben und kurz darauf zur »Marquise de Pompadour« ernannt, samt Wappen, Apanage und Landsitz! Historiker Peter C. Hartmann schreibt, dass mit ihr die »Herrschaft der Mätressen« in Frankreich begann.

Sie weiß, dass ihre Schönheit vergänglich ist, und baut sich ein gut funktionierendes Netzwerk von Vertrauten auf. Royales Networking, an dessen Ende sie sogar Hofdame von Königin Maria wird. Die gibt es natürlich auch noch, sie spielt aber am Hof keine große Rolle.

Ganz anders als Madame de Pompadour, die nun Kunstmäzenin wird. Und deren Wirken bis heute sichtbar ist, etwa im Élysée-Palast oder an der Place de la Concorde in Paris, die auf ihre Ideen zurückgehen.

91 Der letzte Kaiser

Ein Leben im Gefängnis

Spätestens seit dem 1988 mit neun Oscars ausgezeichneten Filmspektakel »Der letzte Kaiser« von Bernardo Bertolucci kennt die Welt den Namen Puyi und weiß, dass er der letzte Kaiser Chinas war. Das stimmt aber nicht ganz, denn Aisin Gioro Puyi war nicht nur einmal, sondern gleich dreimal Kaiser! Ein Weltrekord bis heute. Kurz vor seinem dritten Geburtstag 1908 wird das Kind zum ersten Mal zum Kaiser von China gekrönt – so jung wie noch niemand vor ihm! Der Junge war seinen Eltern entrissen worden und muss nun in der Verbotenen Stadt, einem Palast mit 9.000 Zimmern, leben. Niemand darf hinein, Puyi aber auch nicht raus. Die jahrhundertealten Rituale und Regeln verschüchtern das Kind, das keine Freunde haben darf und nur von Eunuchen, Köchen und Erziehern umgeben ist.

Weltweit stürzen Revolutionen die Monarchien, so auch in China, das 1912 zur Republik wird. Der Kind-Kaiser muss mit sieben Jahren abdanken, doch sein einsames Leben ändert sich nicht. Nach einem Militärputsch 1917 besteigt Puyi wieder den Thron, wenn auch nur für zwölf Tage. Unter dem Einfluss seines schottischen Lehrers Reginald Fleming rebelliert der Jugendliche, schneidet sich seinen Zopf ab, lernt Englisch und entdeckt moderne Dinge wie das Fernglas, die Sonnenbrille oder den Plattenspieler. 1924 darf Puyi zum ersten Mal den Palast verlassen, denn die neuen Machthaber trachten ihm nach dem Leben. Hilfe bekommt der junge Mann von den japanischen Besatzern in der Provinz Mandschurei. Dort wird er dann wieder Kaiser, offiziell bis 1945, allerdings ohne Macht und weiter isoliert.

Von den Russen zuerst nach Sibirien verschleppt, wird später in der Volksrepublik China aus Puyi der Gefangene 981, der 1959 von Mao Zedong begnadigt wird und mit 53 Jahren endlich ein freier Mann ist. Der Ex-Kaiser arbeitet halbtags im Botanischen Garten, schreibt seine Lebensgeschichte auf und stirbt am 17. Oktober 1967 mit 61 Jahren.

92 — Die Hochzeit mit ihrem »Bertie«

Ein langes Leben für die Krone

»Ich habe mit Prinz Albert getanzt, den ich bisher nicht kannte. Ein netter junger Mann«, schreibt Elizabeth Bowes-Lyon Anfang der 1920er Jahre in ihr Tagebuch. Was nicht stimmt, war sie dem zweiten Sohn von König George V. doch vier Jahre zuvor bereits begegnet. Aber der schüchterne »Bertie« hatte wohl keinen bleibenden Eindruck bei der lebenslustigen Schottin hinterlassen. Der Duke of York, der bei jeder Aufregung fürchterlich zu stottern anfängt, verliebt sich in das hübsche Mädchen und macht ihr den Hof. Dreimal lehnt sie den Antrag ab, bevor sie einwilligt, den passionierten Tennisspieler zu ehelichen. »Ich werde Prinz Bertie heiraten«, schreibt die Braut. »Ich bin zu Tode erschrocken, jetzt wo ich es getan habe. Niemand ist überraschter als ich.«

Keine große Überraschung ist, wie dezent und schlicht die Hochzeit am 26. April 1923 in der Westminster Abbey über die royale Bühne geht. Denn niemand kann ahnen, dass dieses Brautpaar einmal König und Königin sein würde. Und dass die junge Braut sich die letzten 50 Jahre ihres langen Lebens bis 2002 als »Queen Mum« in die Herzen der Menschen lächeln würde. »Sie schienen an nichts anderes zu denken als aneinander«, schrieb die »Times«. »Der Herzog schaute mit leuchtenden, glücklichen Augen auf das Mädchen in ihrem reizend altmodischen Kleid.« Die beiden Töchter Elisabeth und Margaret machen das Liebesglück des ungleichen Paares perfekt.

Als ihr Mann 1936 die Krone seines abgedankten Bruders übernehmen muss, macht die junge Elizabeth das, was die Menschen ihr immer gedankt haben: Sie stellt ihr eigenes Leben komplett in den Dienst der Monarchie. Und das auch nach dem Tod ihres Mannes 1952, als ihre Tochter Elisabeth II. Königin wird. Hinter deren Rücken verfügt Queen Mum, weiter als Königin betrachtet und mit »Majestät« angesprochen zu werden.

93 _ Der Corona-Sommer 2020

Der Monarch taucht in Bayern ab

Selbst die »Tagesschau« und der »ARD-Weltspiegel« berichten im August 2020 über so noch nie dagewesene Proteste auf den Straßen Bangkoks. Vor allem junge Menschen demonstrieren für mehr Demokratie, gegen die Militärregierung Thailands aber auch gegen den eigenen König. Und das in einem Land, das eines der schärfsten Gesetze weltweit gegen Majestätsbeleidigung hat – und es auch anwendet. Vielleicht hat Maha Vajiralongkorn, der sich König Rama X. nennt, die Berichte ja sogar live gesehen. Denn der für schrille Outfits und überraschende Baumarktbesuche bekannte Thai-Regent, der im Oktober 2016 die Nachfolge seines Vaters Bhumibol antrat, hat den Corona-Sommer 2020 nicht in seiner Heimat, nicht bei seinem Volk, sondern in Bayern verbracht. Im Grandhotel »Sonnenbichl« in Garmisch-Partenkirchen. Und das trotz Beherbergungsverbots!

Warum ihm und seinem großen Gefolge das erlaubt worden war oder ob der König niemanden gefragt hat, beschäftigt später nicht nur den Bayerischen Landtag, sondern führt auch zu diplomatischen Irritationen zwischen Berlin und Bangkok. Die Demonstranten fragen öffentlich, warum die Bundesrepublik es Rama X. über Monate hinweg erlaube, seinen Amtsgeschäften von deutschem Boden aus nachzugehen – und möglicherweise von hier auch Sicherheitskräfte gegen die Opposition zu Hause einschreiten lässt. Sogar Außenminister Heiko Maas muss Stellung beziehen und sagt im Bundestag im Oktober, er glaube nicht, »dass Gäste in unserem Land ihre Staatsgeschäfte von hier aus betreiben«. Doch Zweifel bleiben.

Dem milliardenschweren König muss aber wohl ein paarmal beim »Nicht-Regieren« so langweilig gewesen sein, dass der royale Pilot mit seiner Privatmaschine, einer Boing 737, mehrmals in Deutschland herumfliegt, um nicht aus der Übung zu kommen. Auch soll er in Zürich seine neue Frau Königin Suthida besucht haben. Bestätigt wurde das – wie immer – aber nicht!

94 Der Mythos Mayerling

Was geschah wirklich mit Sisis Sohn?

Auch nach 132 Jahren ist das Rätsel um den Tod von Kronprinz Rudolf, dem einzigen Sohn von Kaiserin Sisi, noch immer nicht ganz gelöst. War es Mord oder Selbstmord, ein Komplott oder eine Verzweiflungstat? War es die Liebe zu einer Frau oder die Last der Krone, die den sensiblen Mann verzweifeln ließ? Warum musste auch Rudolfs Geliebte, Baronesse Mary Vetsera, sterben? Und war vielleicht sogar sein eigener Vater, Kaiser Franz Joseph, der Drahtzieher, weil ihm die Gesinnung seines Sohnes zu liberal und zu wenig royal war?

Die Fakten: Nach einem Streit mit dem Kaiser in Wien knallen in der Nacht zum 30. Januar 1889 Schüsse durch Mayerling im Wienerwald, wo sich Rudolf mit seiner Geliebten in seinem Jagdschloss aufhält. Dass der umtriebige Habsburger, der mit Prinzessin Stephanie von Belgien verheiratet ist und mit ihr eine Tochter hat, fremdgeht, ist am Hof ein offenes Geheimnis. Nachdem die Schüsse verhallt sind, finden Angestellte den Thronerben und dessen 17-jährige Mätresse tot vor. Der geschockte Hof spricht erst von einem Jagdunfall, einem Herzschlag und dann von einer psychischen Erkrankung des 30-Jährigen. Doch all das ist gelogen. Rudolf hatte Mary Vetsera und dann sich selbst mit einem Kopfschuss getötet. Nur ein Kutscher und ein Kammerdiener dürften eingeweiht gewesen sein, zeigen jüngste Forschungen.

Sie beweisen auch, dass der Thronfolger weder Opfer einer internationalen Verschwörung wurde, wie es die letzte Kaiserin Zita gerne glauben wollte, noch von Franz Joseph beseitigt wurde, weil er einen Putsch seines Sohnes befürchtet habe. Auch für einen Sexunfall gibt es keine Beweise. Genauso wenig wie dafür, der Doppel-Selbstmord sei nur vorgetäuscht worden, und die royalen Turteltäubchen seien nach China geflohen. Was im Kopf des Kronprinzen vor sich ging, um eine solche Tat zu begehen, wird wohl für immer ein royales Geheimnis bleiben.

95 Das Kennenlernen in München

»Es hat klick gemacht«

Ganz schön dreist: Der royale Junggeselle nimmt sein Fernglas und schaut sich ganz ungeniert die VIP-Hostess an, die ihm eben schon aufgefallen war. Dunkle Haare, fesches Dirndl, so wie es die Welt von den Olympischen Spielen 1972 in München wohl erwartet. Doch dann wird es peinlich. Denn die so Begaffte dreht den Spieß um und schaut dem schüchternen Spanner direkt in die Augen – und zeigt dabei ihr schönstes Lächeln. Mist, ertappt, voll peinlich! »In diesem Moment hat es klick gemacht«, wird der junge König Carl Gustaf von Schweden später über diesen magischen Moment sagen, als er sich auf den ersten Blick in Silvia Sommerlath aus Heidelberg verliebt.

Die beiden treffen sich noch während der Spiele in München, Silvia lernt sogar die deutsche Verwandtschaft des Mannes kennen, der ein Jahr später ledig den schwedischen Thron besteigen wird. Und das ist sein und ihr ganz großes Glück! Denn das Hausgesetz der Familie Bernadotte verbietet es einem Prinzen, unter seinem Stand zu heiraten. Das hatte schon zu tränenreichen Liebesdramen am Hof geführt. Doch Carl Gustaf ist jetzt kein Prinz mehr, er ist ja der König, und über dessen Frauenwahl steht da nichts. Das erfährt Silvia, als sie bei einem ihrer heimlichen Besuche, mit blonder Perücke und großer Sonnenbrille, auf der Insel Öland im Porsche des Königs bei einem Tankstopp von einem Journalisten fotografiert wird. Die royale Katze ist aus dem Sack!

Die Traumhochzeit am 19. Juni 1976 ist der Hammer, aus Silvia Sommerlath wird Königin Silvia von Schweden. »Das war das größte Ereignis seit der Fußball-WM 1954«, schreibt »Bunte«-Kolumnist Paul Sahner. »Endlich wieder eine deutsche Königin.« Ein Beruf, den Silvia schon so lange ausübt wie keine andere vor ihr, immer freundlich, diszipliniert und professionell. Selbst schwierige Phasen in ihrem Leben lächelt sie bis heute königlich weg.

96__Das Hochzeitsgeschenk von ABBA

»You are the Dancing Queen«

»You are the Dancing Queen, young and sweet, only seventeen«, singen ABBA am Vorabend der Hochzeit des Königs in der Oper von Stockholm. Nur das Alter der besungenen und angesungenen Königin stimmt nicht, denn Silvia Sommerlath, die morgen Königin von Schweden werden wird, ist keine 17 mehr, sondern bereits 32. Und ist während des Auftritts kurz davor, aus der königlichen Loge auf die Bühne zu springen, die Musiker zu umarmen und mit einzustimmen in den späteren Kultsong, der an diesem 18. Juni 1976 seinen Triumphzug um die ganze Welt antrat.

ABBA hatten zwei Jahre zuvor in Brighton mit »Waterloo« zum ersten Mal für Schweden den Eurovision Song Contest gewonnen und waren inzwischen Megastars. Megastars, die der Königin aus Heidelberg mit einem royalen Ständchen huldigen wollten. Was Benny und Björn, die beiden Komponisten, dazu bewogen hat, ihre Frauen Agnetha und Frida in blaue, dekolletierte Barockkleider mit Pettycoat, dazu kleine Hütchen auf dem Kopf, zu stecken, wird wohl für immer ihr Geheimnis bleiben. Egal: »Friday night and the lights are low. Looking out for a place to go, where they play the right music, getting in the swing. You come to look for a king.« Und genau da, beim Wort König, traut sich Frida zum ersten Mal, schüchtern hinauf zur Loge zu blicken. Benny hinter ihr haut in die Tasten seines Pianos, Björn prügelt seine Gitarre, die ABBA-Damen drehen sich nach links und singen jetzt mit strahlenden Gesichtern das königliche Brautpaar direkt an.

Magie ist im Raum, hier wird gerade royale Popgeschichte geschrieben. Das Finale: Im musikalischen Ausklang von »Dancing Queen« legen Agnetha und Frida einen formvollendeten, langen Hofknicks hin, und ihre Männer verbeugen sich vor dem strahlenden, wild applaudierenden Königspaar, das die Melodie *ihres* Liedes niemals wieder aus dem Kopf bekommen wird. Ein Moment für die Ewigkeit!

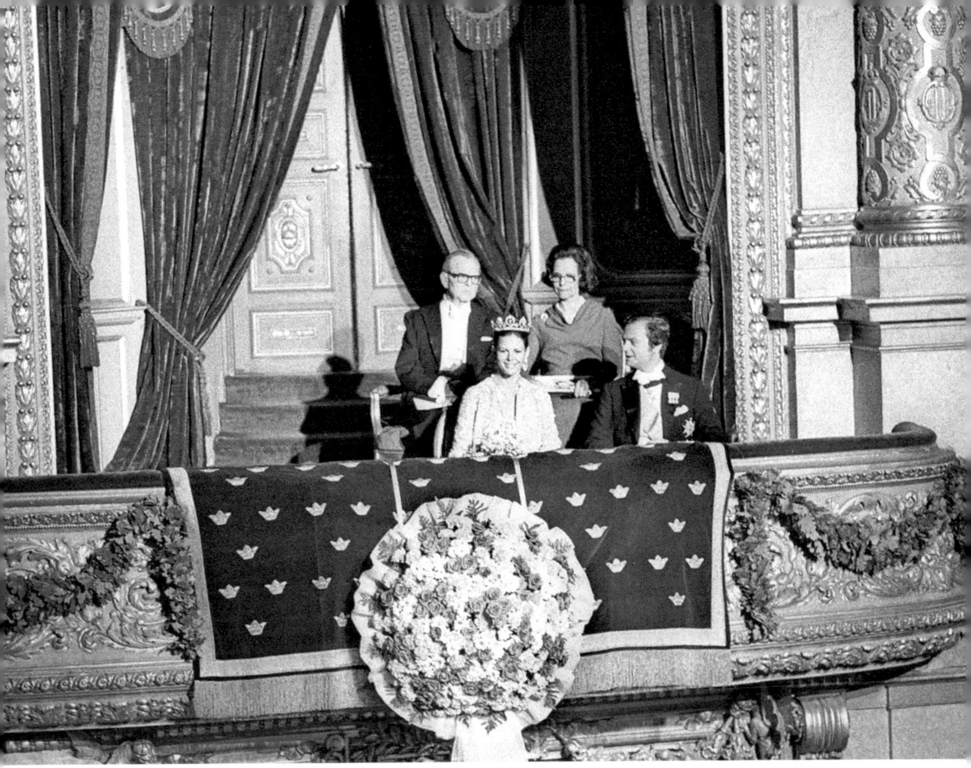

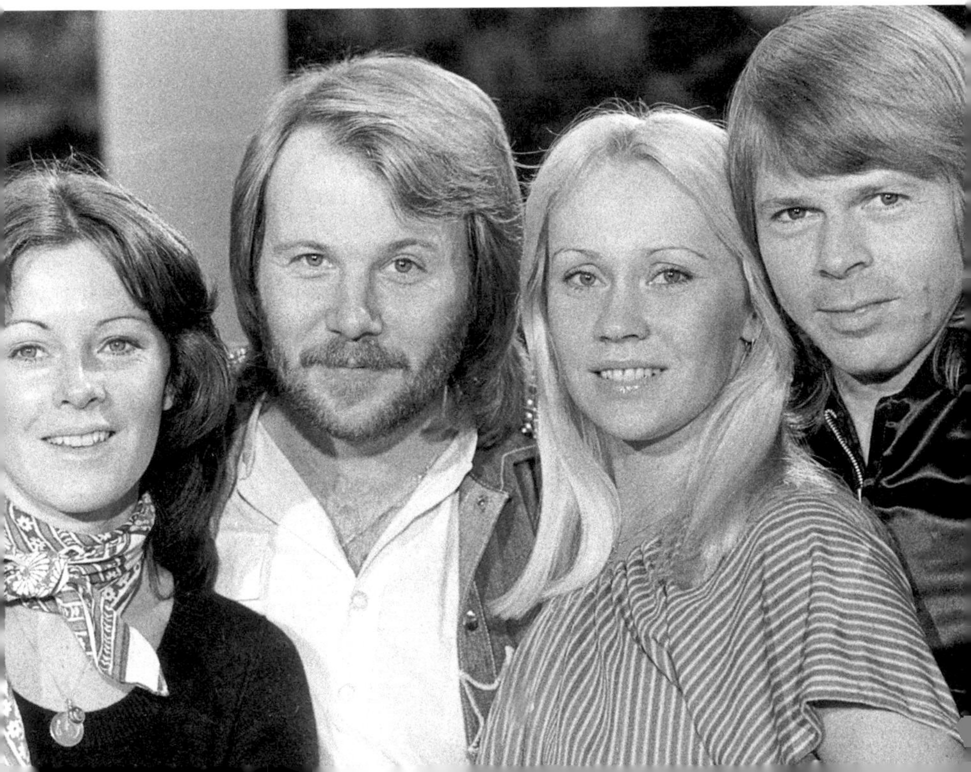

97 Das Attentat in Genf

Royale Legenden sterben nie

Was wäre es spannend, wenn derjenige oder diejenige sich nach dem eigenen Ableben noch einmal zu seinen oder ihren letzten Worten äußern, sie kommentieren oder ergänzen könnte! Was würde die legendäre Kaiserin Sisi wohl ihrem letzten Satz »Aber, was ist denn mit mir geschehen?« hinzufügen wollen? Vielleicht »So ein Idiot!« oder »Endlich kann ich gehen!« oder »Was wird denn nun aus meinem Franzl?«. Wir wissen es nicht. Wir wissen aber, dass die Kaiserin von Österreich und Königin von Ungarn ein tragisches Zufallsopfer des Anarchisten Luigi Lucheni gewesen ist. Denn eigentlich wollte der Italiener in Genf den Prinzen von Orléans ermorden, doch der kam nicht, und so traf es halt die Frau, die wir alle irgendwie noch immer als Romy Schneider im Kopf abgespeichert haben! Also als die junge Romy Schneider, dabei ist Elisabeth an ihrem Todestag bereits 60.

Es ist der 10. September 1898, die »Elfenkönigin« geht zügig an der Seite ihrer Hofdame zu einem Raddampfer, als der kommunistische Adelshasser Lucheni der, wie immer, ganz in Schwarz gewandeten Kaiserin eine spitze Feile in die Brust stößt und wegrennt. Die ewig getriebene Sisi geht einfach weiter, sie hat den Einstich wohl kaum gemerkt, zeigt Contenance, wie man es von ihr ihr ganzes Leben erwartet hatte, begibt sich gemächlichen Schrittes auf den Raddampfer und bricht – nach besagtem letzten Satz – leblos zusammen. Um 14.40 Uhr ist das royale Idol ganzer Generationen tot – und lebt bis heute weiter!

Genau wie Prinzessin Diana wurde auch Kaiserin Sisi zu einer Legende. Zwei schöne Frauen, die nach ihrem und durch ihren gewaltsamen und plötzlichen Tod unsterblich wurden, denen man posthum alles verzieh, jeden Skandal, jeden Fehltritt. Zwei zerbrechliche Menschen, die von der Nachwelt fast engelsgleich überhöht und stilisiert wurden. Zwei Top-Royals, mit denen auch heute noch jedes Jahr sehr viel Geld verdient wird.

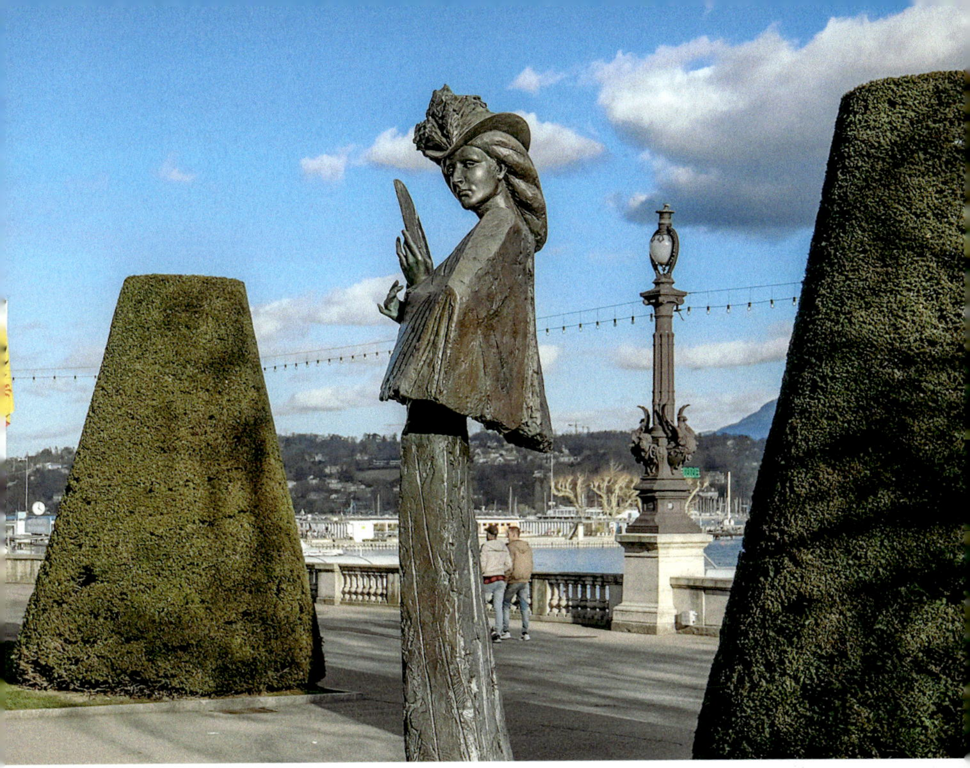

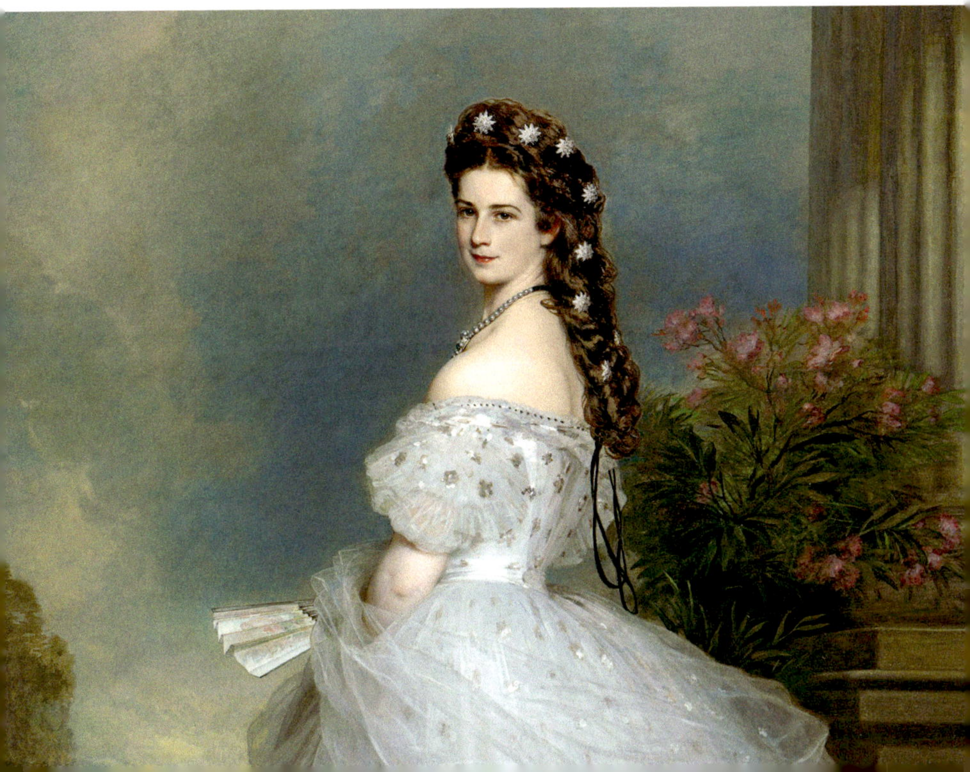

98__Die Deutsche auf dem Pfauenthron

Vom royalen Traum zum royalen Alptraum

Schöner kann ein Märchen aus Tausendundeiner Nacht gar nicht beginnen. Da sucht der Herrscher eines fernen Landes nach einer Frau, da wird ihm das Foto eines 18-jährigen Mädchens zugespielt, das der stattliche Monarch unbedingt kennenlernen will. Das Mädchen heißt Soraya Esfandiary-Bakhtiary, ist Tochter einer Berliner Verkäuferin und eines adeligen Persers. Der Vater begleitet Soraya nach Teheran, wo die bildschöne Frau dem Schah vorgestellt wird. Reza Pahlavi ist hin und weg, und Soraya sagt später: »Es war eine Liebe auf den ersten Blick.« Mit der Märchenhochzeit in Weiß am 12. Februar 1951 wird Soraya Liebling des Boulevards und »Die Deutsche auf dem Pfauenthron«. Sie trägt ein 20-Kilo-Brautkleid von Dior, besetzt mit Schwanenflaum und Diamantensplittern.

»Ich wusste, dass es schwer wird. Aber dass es so schwer wird, habe ich mir dann doch nicht vorgestellt«, sagt Soraya später über ihr neues Leben als Königin von Persien, so ihr offizieller Titel. Fast selbst noch ein Kind, wird ihr klargemacht, dass der 31-jährige Schah Kinder wünscht, denn er muss seine Stellung im heutigen Iran gegen antimonarchische und religiöse Strömungen festigen. Leichter Schneefall bei der Hochzeit, so heißt es in Persien, soll Glück bringen. Es schneit leicht an diesem Tag, doch das Glück bleibt aus. Soraya wird einfach nicht schwanger.

Nach sieben Jahren ist das Märchen vorbei. Nachdem der Schah ihr vorgeschlagen hatte, ein Kind mit einer Nebenfrau zu zeugen, reicht es Soraya – und auch ihrem Mann! Im April 1958 wird die Trennung »aus Staatsraison« verkündet, die Verstoßene wird zur Prinzessin degradiert und fürstlich abgefunden. Die 25-Jährige tröstet sich mit vielen Affären und mit noch mehr Partys. Soraya stirbt 2001 in Paris mit 69 Jahren, hinterlässt ein Millionenvermögen und hat den Schah angeblich nie wiedergesehen.

99 Die Pop-Prinzessin ohne Stimme

Die Chart-Königin der 1980er Jahre

Ausgerechnet Chris Norman mit seiner »Midnight Lady« verbaut der royalen Lady von der Côte d'Azur den Sprung auf den Thron! Auf den Chart-Thron in Deutschland. Denn die Debütsingle »Irresistible« von Stéphanie – das »von Monaco« lässt sie weg, denn das weiß ja eh jeder – bleibt zwei Wochen hintereinander auf Platz 2 in Deutschland hängen, bevor der brave Popsong wieder abrutscht. Insgesamt ist Ihre Durchlaucht aus dem Hause Grimaldi 18 Wochen in der deutschen Hitparade mit dem Titel vertreten, den es für den französischen Markt auch als »Ouragan« gibt. In Frankreich schafft Stéphanie am 15. April 1986 tatsächlich den Sprung an die Spitze, die wilde Prinzessin aus Monaco ist plötzlich die Königin der Charts.

Ein kleiner Triumph für die damals 21-Jährige, die nach dem Unfalltod ihrer geliebten Mutter Gracia Patricia 1982 als Jüngste den Halt zu verlieren schien. Im Musikvideo präsentiert sie sich als androgynes Mädchen mit dicken, kurzen Locken, den Mund mit rosa Lipgloss geschminkt und die hellblauen Augen stets irgendwohin in die Ferne gerichtet. Die Sängerin ist bildhübsch, die Gene ihrer schönen Mutter sind deutlich zu erkennen. Sie ist das, wovon sie singt: unwiderstehlich. Die Bewegungen von Stéphanie sind schlaksig und schüchtern. Der 80er-Jahre-Look ist modern: schwarze Lederjacke mit Schulterpolstern, darunter eine getigerte Bluse, schwarze Hose und flache Schuhe. Das könnte genau so auch heute wieder als megacool durchgehen!

Gefragt, ob sie ihre – ziemlich kurze – Karriere als Sängerin bereue, sagt Stéphanie 2011 in der französischen Zeitschrift »Paris Match«: »Ich habe manchmal das Gefühl, mehrere Leben gelebt zu haben, weil ich ganz plötzlich erwachsen werden musste.« Sie habe früh gemerkt, dass das Leben sehr schnell zu Ende sein könne. »Und da wollte ich es voll auskosten, auch um mich und meinen Platz in der Welt zu finden.«

100 Die mutige Queen

Royales Drama ohne Happy End

Die letzten Sekunden im Leben der schottischen Königin Maria Stuart am 8. Februar 1587: Die Königin schreitet als Märtyrerin wie eine Nonne gekleidet zum Schafott. Angeblich braucht der Henker, dem die Königin mit einem Kruzifix vor der Brust mildtätig vergibt, ganze drei Anläufe, bis ihr royaler Kopf ab ist! Als der Henker ihn der Menge zeigen will, greift er aber nur die Perücke. »Und da hierbei ihr Haarputz zu Boden fiel, sah man, dass Gram und Kummer diese arme Königin im Alter von 45 Jahren ganz weiß und kahl gemacht hatten«, schreibt ein Zuschauer.

Außer einem Schoßhund, der sich in ihrem Gewand versteckt haben soll, war Maria Stuart niemand geblieben, der ihr bei der Hinrichtung im englischen Schloss Fotheringhay hätte beistehen wollen. Denn niemand wollte sich gegen die mächtige englische Königin Elisabeth I. positionieren, die dieses Urteil – wenn auch erst nach sehr langem Zögern und nach 19 Jahren Gefangenschaft Marias – unterschrieben hatte. Zu ihrer englischen Tante zweiten Grades hatte sich die katholische Königin Maria Stuart geflüchtet, nachdem sie zu Hause in Schottland von ihrem eigenen Sohn verjagt worden war.

Eine BBC-Dokumentation über Maria Stuart trägt den Titel »Blut, Terror und Verrat«. Ihr dramatisches Leben inspiriert Friedrich Schiller zu seinem Trauerspiel in fünf Akten. Als Königin geboren und als Hochverräterin hingerichtet, geht sie in die royale Geschichte ein. Eine Geschichte, in der sie im Alter von nur sechs Tagen Königin wird, sich mit sieben Monaten mit dem Thronfolger Englands verloben muss, um dann wieder abserviert zu werden. Mit sechs Jahren flieht Maria vor den englischen Truppen nach Frankreich, wo sie später Franz II. heiratet und somit auch Königin von Frankreich wird. Schlechte Männer, gierige Liebhaber und eine kinderlose Königin in London sind die finalen Zutaten eines royalen Dramas, ganz ohne Happy End.

101 Die blutrünstige Monarchin

»Bloody Mary« lebt bis heute

Man fülle acht Eiswürfel in einen Shaker, füge fünf Zentiliter Wodka, einen Zentiliter frisch gepressten Zitronensaft und 15 Zentiliter Tomatensaft hinzu. Das Ganze würzt der Cocktail-Fan mit etwas Worcestershiresauce und zwei Tropfen Tabasco und rundet alles mit etwas Selleriesalz und einer Prise Pfeffer ab. Diese Mischung wird dann so lange gerührt, bis der Shaker beschlägt, der Inhalt wird durch ein Sieb gegossen und mit einer leckeren Stange frischem Sellerie serviert. Und fertig ist sie, die »Bloody Mary«, das vielleicht royalste Getränk der ganzen Welt.

Die Namensgeberin des Kult-Cocktails ist Königin Maria Tudor, die älteste Tochter von König Heinrich VIII. und damit die ältere Schwester der Jahrhundert-Königin Elisabeth I. Doch warum war diese Queen, die nur fünf Jahre von 1553 bis 1558 regierte, so blutrünstig? Maria ist erzkatholisch, so wie ihre spanische Mutter Katharina von Aragón, die erste Frau ihres brutalen Vaters, der sich nicht zuletzt wegen seiner Frauengeschichten von Rom und dem Papst losgesagt hatte. Doch seine Tochter will das, was Heinrich VIII. da angerichtet hat, koste es, was es wolle, wieder zurückdrehen, will nicht im Fegefeuer sterben und auch nicht vom Papst exkommuniziert werden, so wie ihr Vater! Und so startet Maria sofort nach der Thronbesteigung eine brutale Jagd auf Protestanten, die jedoch die Glaubensspaltung des Landes weiter vorantreibt und befeuert. Nichtchristen werden als Ketzer verurteilt und verbrannt, sogar Bischöfe sind darunter. Mindestens 300 Protestanten enden auf dem Scheiterhaufen, während ihnen für ihr Seelenheil eine Messe gelesen wird.

Ihre eigene Halbschwester, Elisabeth I., die ihr auf den englischen Thron folgt, prägt später den Namen der »Blutigen Maria«, der »Bloody Mary«, die auch heute noch, fast fünf Jahrhunderte nach ihrem Tod, an keiner guten Bar fehlen darf.

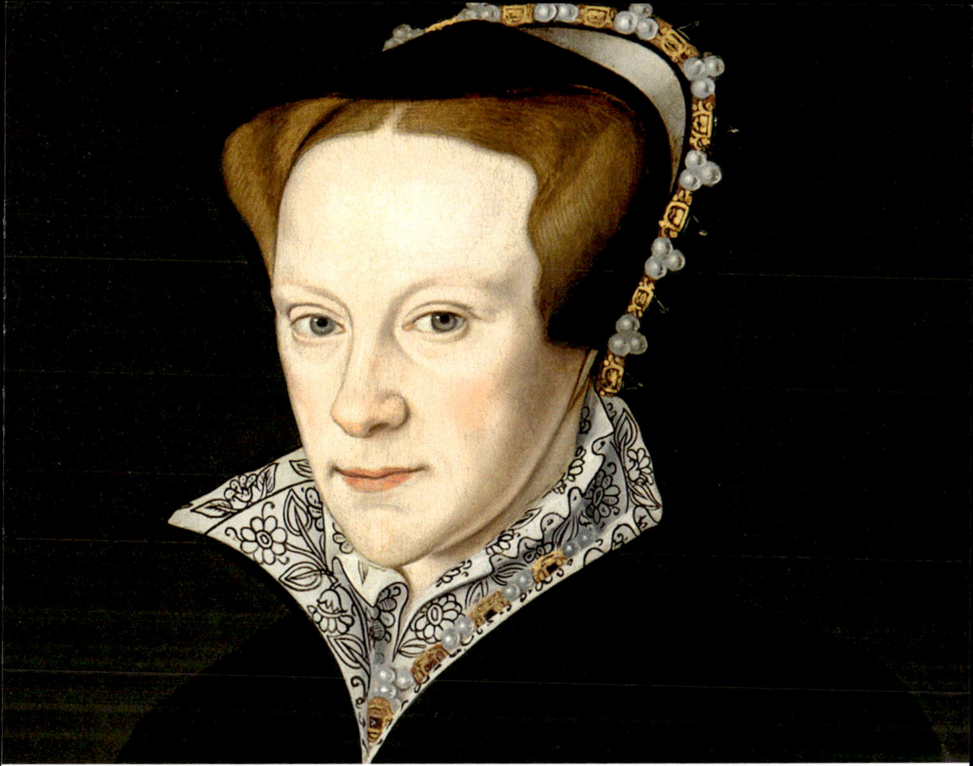

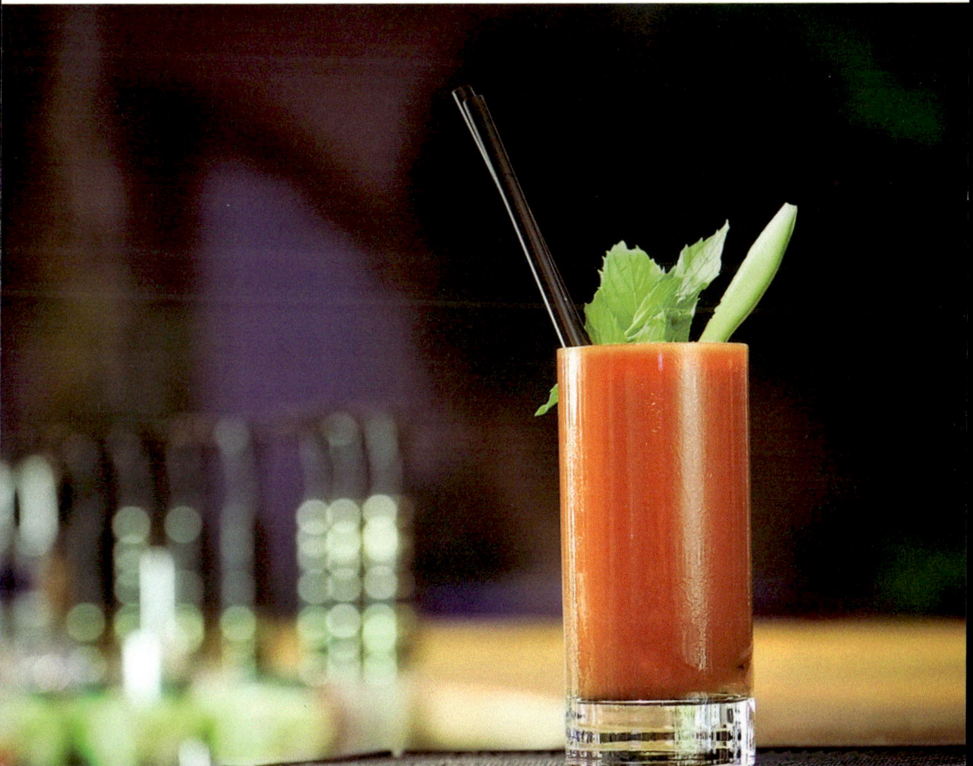

102 Der dickste Monarch der Welt

209 royale Kilos auf der königlichen Waage

Wie oft fragen sich regierende Monarchen wohl, mit welchem royalen Familiennamen sie selbst einmal in die Geschichte eingehen werden, unter welchem Titel die Nachwelt über sie, ihre Taten oder ihre Fähigkeiten sprechen wird? Ist es nur die simple Nummerierung wie bei Kaiser Wilhelm II. oder Felipe VI.? Ist es eher eine Lebensart, quasi die royale DNA? Wie beim »Sonnenkönig«, wie Ludwig XIV. genannt wurde, beim »Soldatenkönig«, als der Preußen-Chef Friedrich Wilhelm I. unsterblich wurde, oder wie bei »Wilhelm dem Eroberer«, der England das Fürchten lehrte?

Dann gibt es die royalen Zusätze, die deutlich machen, dass der König oder die Kaiserin über allem und jedem standen, wie bei »Alexander dem Großen« oder »Katharina der Großen« – wobei das Adjektiv groß nichts mit der körperlichen Statur zu tun hat, sondern ausschließlich das zukunftsweisende Wirken als Monarch beschreibt. Bei den Adjektiven gibt es schmeichelhafte und weniger nette Beispiele, wie regierende Adelige in Erinnerung bleiben können: »August der Starke«, Kurfürst von Sachsen, oder »Karl der Schöne«, König von Frankreich. Damit kann man als Monarch leben, wenn man tot ist. Bei »Johanna der Wahnsinnigen«, Königin von Kastilien, oder Kaiser »Karl dem Kahlen« ist das schon nicht mehr ganz so leicht.

Und dann gab es ihn, Taufa'ahau Tupou IV., der sich stolz und lebensfroh während seiner mehr als 40-jährigen Regentschaft über Tonga zum dicksten König der Welt gefuttert hatte. Als er am 10. September 2006 mit 88 Jahren stirbt, bringt der schwergewichtige Monarch sage und schreibe 209 Kilogramm auf die Waage. Der dicke König hatte seit 1965 seinen Inselstaat in der Südsee mit gut 100.000 Einwohnern regiert und intensiv die Beziehungen zu Deutschland gepflegt. König Taufa'ahau Tupou IV. steht als dickster Monarch der Welt sogar im »Guinnessbuch der Rekorde«. Respekt, Majestät!

103 Die Liebe auf den zweiten Blick

Das Kennenlernen mit Prinz Albert zu Sachsen-Coburg-Gotha

Mit der Liebe auf den ersten Blick ist das so eine Sache, wenn der Blick der künftigen Königin auf das Gesicht eines Mannes fällt, dessen Farbe irgendwo zwischen Grün und Kalkweiß liegt. Wer hätte 1836 auch ahnen können, dass der deutsche Prinz, der auf Vermittlung des belgischen Königs geschickt worden war, um Thronfolgerin Victoria kennenzulernen, bei der Überfahrt seekrank werden würde? Da steht er nun, Albert zu Sachsen-Coburg-Gotha, ziemlich mitgenommen, als die beste Partie jener Zeit seine Aufwartung entgegennimmt. Wissend, dass die junge Frau bereits zwei niederländische Prinzen nach Hause geschickt hat, weil sie ihr zu langweilig waren.

Doch Albert nutzt seine zweite und letzte Chance. Als der groß gewachsene Prinz am Abend des 10. Oktober 1839, abermals blass von der Überfahrt, vor ihr steht, ist es um die königliche Contenance schnell geschehen. Er sei »beautiful«, vertraut die inzwischen zur Königin gekrönte Victoria ihrem Tagebuch an. Nur fünf Tage später macht sie – so wie es der Standesunterschied verlangt – dem drei Monate jüngeren Deutschen einen Heiratsantrag. Der mutterlose Prinz nimmt sofort an.

Doch das Parlament weigert sich, Albert zu einem Adeligen zu machen, und kürzt ihm das Geld. Die Hochzeit am 10. Februar 1840 im St. James's Palace ist sehr privat. Da weiß noch niemand, dass Albert in den kommenden zwei Jahrzehnten England und die Monarchie modernisieren und verändern wird. Dass er den deutschen Weihnachtsbaum auf die Insel bringt, mit den gemeinsamen neun Kindern »Großvater Europas« wird und dass die Jahrhundert-Queen nie wieder einen Mann so lieben würde wie ihn, den seekranken Deutschen. Victoria schreibt: »Er war für mich Vater, Beschützer, Führer, Ratgeber, fast möchte ich sagen, er war mir Mutter und Mann zugleich.«

104 Die Erhebung zur Kaiserin von Indien

Wenn die royale Eitelkeit siegt

Die legendäre Queen Victoria war eitel! Sehr eitel, auch wenn man das auf den unzähligen Gemälden der Jahrhundert-Königin nicht immer sieht. Zeit ihres langen Lebens litt die Monarchin unter ihrer geringen Körpergröße und mochte auch ihr »teigiges Hannoveraner-Gesicht« nicht, wie sie Halbschwester Feodora anvertraute. Doch die Eitelkeit beschränkte sich keineswegs nur auf Äußerlichkeiten. Das hatte ihr Mann Albert seiner Victoria beigebracht. Er hatte nämlich begriffen, dass ein Königshaus sichtbar sein muss, dass die Menschen mit Glanz und Gloria geblendet werden sollen, um die gottgegebene Macht der Königin niemals in Frage zu stellen.

Doch Albert ist schon 15 Jahre tot, als die Eitelkeit bei Queen Victoria erneut durchschlägt. Sie ist bereits fast 40 Jahre Königin von Großbritannien und Irland. Hat neun Kinder geboren und diese als »Großmutter Europas« in aller Herren Länder verheiratet. Ihre älteste Tochter Vicky nach Deutschland, als Frau des preußischen Kronprinzen. Der ist aber jetzt, nach der Gründung des Deutschen Reiches 1871, auch Nachfolger seines Vaters Kaiser Wilhelm I. Und das passt Queen Victoria überhaupt nicht. Denn wenn der deutsche Kaiser stirbt, würde ihre eigene Tochter als Kaiserin an der Seite von Friedrich III. den Thron besteigen. Ihre Tochter Vicky wäre ihr gegenüber, der Herrscherin über ein Weltreich, aber dennoch »nur« Königin, dann hierarchisch höhergestellt.

Und deswegen nervt die alte Queen ihren Premierminister Benjamin Disraeli so lange, bis der das Unterhaus dazu bringt, den »Royal Titles Act« zu beschließen, der Victoria am 1. Mai 1876 in den Rang einer Kaiserin von Indien erhebt. Das Land sei »die Perle des Empires«, notiert Victoria glücklich, besucht den Subkontinent zwar nie, ist aber die erste britische Monarchin, die den Titel »Empress of India« trägt. Und auch die letzte!

105_ Die Traumhochzeit

Die Kronprinzessin und der Fitnesstrainer

Die Sonne strahlt vom königsblauen Himmel, die Unwetterfront über Stockholm ist vorübergezogen, und eine Siegerin tritt am 19. Juni 2010 vor das Mikrofon. Victoria, die Siegerin, die Kronprinzessin von Schweden. Die begeisterten Menschen auf dem Schlossplatz halten den Atem an, es wird ganz still.

Victoria blickt zu ihrem Mann und sagt: »Ich danke dem schwedischen Volk, dass ihr mir meinen Prinzen geschenkt habt!« Dann küsst die künftige Königin ihren Daniel, der jetzt Prinz von Schweden ist und, als einfacher Junge aus der Provinz, eine Königliche Hoheit. Und der – da sind sich alle Menschen in diesen Minuten einig – der Kronprinzessin das Leben und den Bernadottes den Thron gerettet hat.

In dieser Sekunde brandet auch bei mir in Ockelbo, 220 Kilometer nördlich der Hauptstadt, ein ohrenbetäubender Jubel auf, den das 2.500-Seelen-Kaff noch nie gehört hat. Denn von hier, wo irgendwo die Villa Kunterbunt von Pippi Langstrumpf stehen könnte, kommt der neue Prinz. Ich spreche mit Menschen, die Daniel stolz macht, seine Schulkameradinnen tanzen auf der Wiese, die Fußballkumpels stoßen mit Flaschenbier und mir auf *ihren* Prinzen an, den Mann der nächsten Königin. Victoria? Ja, die mag man hier auch. Die passt zu ihm, die braucht so einen wie »unseren Daniel« im fernen Stockholm bei all dem royalen Zirkus dort.

Ein royaler Zirkus, der die Kronprinzessin in die Magersucht getrieben hatte, weil sie sich dem öffentlichen Druck nicht gewachsen fühlte. Mama Silvia schickt die junge Frau in die USA, weit weg vom Damoklesschwert, einmal Königin werden zu müssen. Wieder zu Hause, trifft sie den Fitnesstrainer, dem – was Medien gerne verschweigen – eine ganze Studiokette gehört. Ein Geschäftsmann, der von seinem Vater eine Niere bekommt, kein gutes Englisch spricht, aber Victoria versteht und sich in sie verliebt; und zwar in den Menschen und nicht in die Kronprinzessin.

106__ Die dicke Heldin des Krieges

Frauen an die Macht

Sie ist die erste von drei Königinnen, die die Niederlande mit royaler Frauenpower prägen. 123 Jahre saßen Frauen aus eigenem Recht auf dem Oranje-Thron. »Onze dikke koningin«, sagen die Niederländer liebevoll, wenn sie über Königin Wilhelmina sprechen. Die radelnde Matrone, die Heldin des Zweiten Weltkrieges, die, an der sich die Nazis die Zähne ausbeißen. 1940 flieht Wilhelmina vor den Deutschen nach London. Doch die Monarchin ist keineswegs feige, sondern geschickt. Nachdem sie ihr Land neutral aus dem Ersten Weltkrieg raushalten konnte, wird die Königin jetzt aus dem Exil moralische Instanz für ihr Volk, gegen einen übermächtigen Aggressor: »Schlagt den Nazis auf den Kopf«, so die klare Botschaft der resoluten Wilhelmina in einer historischen Radioansprache der BBC.

»Wäre nicht jede Verbindung mit der kämpfenden Truppe abgeschnitten gewesen, hätte ich mich selbst in den Schützengraben begeben«, schreibt die Königin später, »um als der letzte Mann im letzten Graben zu fallen.« Von London aus appelliert sie an die Tapferkeit und das Pflichtgefühl ihrer Untertanen, »so dunkel und hart die Zeiten auch sein mögen«. Die Menschen zu Hause kleben förmlich an den Radiogeräten, Wilhelminas Stimme gibt ihnen die Kraft zu überleben. Selbst Anne Frank schreibt in ihr Tagebuch: »Dienstag und Mittwoch sprach unsere geliebte Königin.« Wilhelmina bekommt eine politische Macht, die ihr von der Verfassung her gar nicht zusteht. »Sie ist der einzige Mann in der niederländischen Regierung«, notiert Winston Churchill.

Am 13. März 1945 betritt die Königin wieder ihr Land. Zu Fuß, aufrecht, mit großem Hut auf dem erhobenen Kopf. Die Massen sind begeistert. Jetzt ist der Krieg endlich zu Ende. Drei Jahre später dankt Wilhelmina zugunsten ihrer Tochter Juliana ab und schreibt ihre Memoiren. »Einsam, aber nicht allein«.

107 Das Diana-Interview

»Sie war die beste Mutter der Welt«

»Noch 60 Sekunden, dann bist du drauf«, sagt mir an diesem Donnerstagmorgen die RTL-Regie aufs Ohr. Die spanische Kollegin neben mir schnattert über »La reina del corazón«, ein polnischer Youtuber zeigt seinen Followern den Eingang zum Tunnel unter der Pont d'Alma hier in Paris am 31. August 2017. Zum 20. Todestag von Prinzessin Diana fällt mir die persönliche TV-Dokumentation von HBO mit ihren beiden Söhnen William und Harry vor ein paar Tagen ein, in der diese zum ersten Mal gemeinsam über ihre verunglückte Mutter gesprochen haben.

»Sie war die beste Mutter der Welt«, sagt Prinz Harry im blauen Jeanshemd mit Tränen in den Augen. »Wenn sie einen Raum betrat, habe ich als ihr Sohn ihre große Liebe gespürt. Sie hat zu mir immer gesagt: ›Harry, du darfst so frech sein, wie du willst, du darfst dich bloß nicht erwischen lassen!«, lacht der junge Mann, der vor Kurzem seine Frau Meghan kennen und lieben gelernt hat. Gemeinsam mit seinem Bruder Prinz William blättert er in einem Fotoalbum aus guten Tagen. Als die Welt, vor allem aber als auch Diana noch glaubte, sie würde mit Charles glücklich werden, und die Familie wäre immer füreinander da. »Es tut weh, die Bilder von damals zu sehen«, so Harry. »Es vergeht kaum ein Tag, an dem ich nicht an sie denke«, ergänzt sein älterer Bruder, der übernächste König. »Sie war ein totaler Kindskopf, und ich kann noch heute ihr Lachen hören«, erzählt Harry beim US-Sender HBO. »Ein Lachen, das pures Glück auf ihr Gesicht zauberte« , beschreibt William in Hemd und dunklem Sakko seine geliebte Mama im Fernsehen. »Sie hat uns immer geliebt, Harry und mich. Und diese Liebe ist noch immer da.«

Noch zehn Sekunden. Fünf. »Michael Begasse live in Paris«, höre ich die Moderatorin in Köln. »Heute, genau 20 Jahre nach ihrem Tod. Wer war Prinzessin Diana wirklich?« Ein kurzes Lächeln, und ich antworte ganz spontan: »Sie war die beste Mutter der Welt.«

108 Die königliche Liebe

Von der Uni in den Palast

Drei Tage vor dem royalen Mega-Event steht London bereits Kopf. Ich treffe Fans, die schon jetzt vor der Westminster Abbey ihr Zelt aufgeschlagen haben, um am Samstag, dem 29. April 2011, dem Brautpaar ganz nah zu sein. Prinz William wird dann seine Uni-Liebe Catherine, genannt Kate, heiraten. Es wird »der göttliche Segen einer königlichen Liebe«, sagt mir eine Frau mit Tränen in den Augen im Interview. Überall herrscht eine Leichtigkeit, die ich so noch nie bei einer royalen Hochzeit erlebt habe. »Proud to be British«, steht auf Schildern und wird gesungen: »Ich bin stolz, Brite zu sein!« Doch das ist kein Protzgehabe, kein Sich-Erheben über andere Nationen. Es ist das Gefühl, Teil eines Jahrhundertereignisses zu sein.

Die Liebe von William und Kate beginnt, so sagen Kommilitonen, am 26. März 2002. Bei einer Benefiz-Modenschau wirft der Prinz wohl erstmals ein Auge auf seine Zukünftige, die in der Universität in einem transparenten Kleid über den Laufsteg schwebt. »Kate ist heiß«, soll der Royal seinem Freund Fergus Boyd zugeflüstert haben. Und bereits bei der Party danach sollen William und die heiße Miss Middleton knutschend gesichtet worden sein! Es gibt Gerüchte, Kates Mutter habe ihre Tochter nur deshalb nach St. Andrews geschickt, um mit dem Royal anzubandeln. 2007 kriselt es bei den beiden, die inzwischen gemeinsam in einer Studenten-WG leben, erstmals. Freundinnen sagen, Kate habe kalte Füße bekommen bei der Vorstellung, einmal Königin an der Seite von William werden zu müssen.

Doch das ist längst überwunden, als »WilKat« im November 2010 ihre Verlobung bekannt geben. Die Bilder einer Liebe auf Augenhöhe gehen um die Welt. Die künftige Herzogin von Cambridge trägt den Verlobungsring von Williams Mutter Diana. Und der zwölfkarätige blaue Saphir passt ohne Zweifel genauso perfekt zu Kates schlichtem blauen Kleid wie diese junge Frau zum übernächsten König von Großbritannien.

109__Der Hingucker
Pippas Po stiehlt der Braut die Show

Auch bei royalen Hochzeiten gilt: Keine Dame trägt Weiß, und niemand darf der Braut die Show stehlen! Das hätte Herzogin Kate ihrer kleinen Schwester Pippa vielleicht deutlicher sagen sollen, bevor sie die damals 27-Jährige zu ihrer Brautjungfer machte! Denn Pippa schafft es am 29. April 2011 mit ihrem figurbetonten weißen Kleid, dessen geknöpfte Rückenpartie bis zu ihrem knackigen Po hinunterreicht, Millionen Fernsehzuschauer sprachlos zu machen. Der pfiffige Kameramann der BBC, der das Bild in Großaufnahme einfängt, und der Regisseur des Live-Events, der die Szene als internationales Pool-Bild in die Welt rausschaltet, werden sich auf die Schenkel geklopft haben, welche Wellen »Pippas Po« nach der Hochzeit von Prinz William und seiner Kate schlägt.

Denn neben dem Kuss der beiden verliebten Top-Royals ist die sexy Rückenansicht von Pippa Middleton auf den Titelseiten aller Zeitungen: »Rückblickend hat das Kleid ein bisschen zu gut gepasst«, sagt die Brautjungfer später. Sie habe nie gedacht, dass die enge Robe von Sarah Burton so viel Aufregung verursachen würde. »Wie ich herausgefunden habe, hat Anerkennung sowohl positive Seiten als auch eine Kehrseite und – wie man sagen könnte – eine Rückseite«, so Pippa über diesen Tag.

Nach dem Moment im Rampenlicht reißen sich die Medien um Pippa, ihr schöner Hintern bekommt sogar eine eigene Facebook-Seite! Es wird behauptet, dass das knackige Teil gar nicht echt sei, und es werden Po-Vergleiche der Schwestern angestellt. Das Geschäft ihrer Eltern boomt bei so viel Interesse am neuen Medienliebling, der »Spiegel« kürt sie 2012 zur meistfotografierten Frau der Welt. Party-Pippa schreibt – für viel Geld – ein Kochbuch, das aber floppt. Inzwischen ist Kates Schwester glückliche Mutter des kleinen Arthur und der süßen Grace und hat den Finanzmanager James Matthews geheiratet. Ohne dass ihr jemand die Hochzeitsshow gestohlen hat!

110 Der zehnte Hochzeitstag

Auf dieser Familie ruhen die Hoffnungen der Monarchie

Die kleine Familie läuft durch die Dünen an der Küste Englands. Kinderlachen, Möwenschreie, der kleine George schaut verträumt in die Ferne übers Meer. Die Familie Cambridge ist in Outdoorlook gekleidet, farblich in Grüntönen, passend zur rauen Landschaft. Ortswechsel: Herzogin Kate im weinroten Pullover läuft mädchenhaft lachend über den Rasen des Kensington Palace, gefolgt von einer Szene am Lagerfeuer mit den Kids. Das Familienvideo zum zehnten Hochzeitstag von »WilKat«, von William und Kate, könnte nicht besser in diese Zeit und in diese von Skandalen erschütterte Familie passen. Denn es strahlt Freude, Leichtigkeit und Zuversicht aus an diesem 20. April 2021.

»Danke für die freundlichen Nachrichten zu unserem zehnten Hochzeitstag«, schreiben William und Kate am Abend. »Wir sind sehr dankbar für zehn Jahre Unterstützung, die wir als Familie erfahren durften.« Unterschrieben ist der Post mit W & C, William & Catherine, die Hoffnungsträger der Monarchie nach den Vorwürfen von Meghan und Harry gegen die Royal Family bei Oprah Winfrey. PR? Klar, denn nicht zufällig ist die romantische Paareinstellung das letzte Bild des medialen Dankeschöns, das millionenfach geklickt wird. Auch hier zeigt Kate prominent die linke Hand mit dem Verlobungsring ihrer Schwiegermutter Diana. PR? Warum auch nicht, denn ohne die Unterstützung und die Liebe des Volkes wird es schwer, die Monarchie zu bewahren. Schwer, verlorenes Vertrauen wiedergutzumachen!

Und so denke ich an diesem Abend an den Tag vor zehn Jahren zurück, als ich mir in London beim Glockengeläut von Westminster Abbey gewünscht habe, dass diese beiden, dass Kate und William glücklich werden! Und, was soll ich sagen? Sie sind es. Sie lieben sich mehr denn je, sie führen eine Ehe auf Augenhöhe und haben mit George, Charlotte und Louis eine Familie voller Liebe und Wärme. Ich verneige mich ehrlich und wünsche alles Gute zur Rosenhochzeit.

111 Die Abschaffung des Adels

Das Ende royaler Privilegien?

So, jetzt haben wir den royalen Salat! 110 königliche Geschichten, Ereignisse und Schicksale haben Sie gelesen! 110 Monarchie-Momente von heute, gestern und sogar vorgestern. Blicken wir in die Zukunft, müssen wir aber akzeptieren, dass es ihn bei uns in Deutschland gar nicht mehr gibt, den Adel! Und das schon seit dem 23. Juni 1920. Denn da verabschiedet die preußische Landesversammlung das »Gesetz über die Aufhebung der Standesvorrechte des Adels«.

Nun gut, so viel war da gar nicht mehr aufzuheben, waren doch feudale Privilegien wie Jagdrecht, eigene Gerichtsbarkeit oder privates Erbrecht bereits während der Kaiserzeit abgeschafft worden. Was es aber noch gab, war der Anspruch der Adeligen auf Ehrerbietung bei direkter Anrede. Doch damit ist es nun auch vorbei. »Das Recht auf die Prädikate Hoheit, Durchlaucht und dergleichen« gab es fortan nicht mehr. Und das auch damals schon sehr inflationär gewordene »von« wurde per Gesetz schlicht ein Teil des Nachnamens. In Österreich wurde der Adel nicht nur abgeschafft, er wurde sogar verboten, inklusive diverser Namensrechte!

Doch der Adel, obwohl abgeschafft, überlebt trotzdem: die Weimarer Republik, die NS-Zeit und sogar das geteilte Deutschland. Zwar sind – bis auf wenige, meist unrühmliche Ausnahmen – inzwischen fast nur internationale Adelige in der Wahrnehmung der Leser, User und Zuschauer vertreten, doch ein schickes »von«, eine Gräfin hier oder ein Fürst da, das kommt immer noch gut: Der Nimbus des Adels hat überlebt. Und sollte der Karibikstaat Barbados tatsächlich Republik werden und die Queen als Staatsoberhaupt verbannen, hätten wir immer noch 43 Monarchien weltweit, die das Herz der interessierten Leserin und des staunenden Lesers erfreuen. Genügend Stoff für ein weiteres Buch …

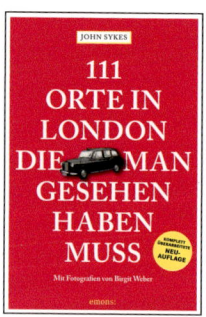

John Sykes
**111 Orte in London, die
man gesehen haben muss**
ISBN 978-3-7408-0970-6

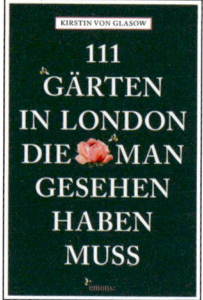

Kirstin von Glasow
**111 Gärten in London, die
man gesehen haben muss**
ISBN 978-3-7408-0141-0

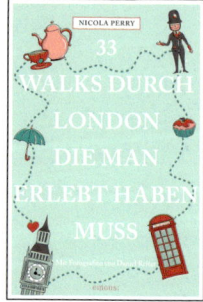

Nicola Perry
**33 Walks durch London,
die man erlebt haben muss**
ISBN 978-3-7408-0136-6

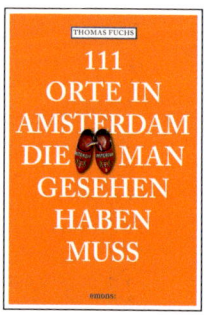

Thomas Fuchs
**111 Orte in Amsterdam, die
man gesehen haben muss**
ISBN 978-3-95451-209-6

Thomas Fuchs
**111 Orte in Nordholland, die
man gesehen haben muss**
ISBN 978-3-7408-0553-1

Kay Walter, Rüdiger Liedtke
**111 Orte in Brüssel, die
man gesehen haben muss**
ISBN 978-3-7408-0128-1

Joscha Remus
**111 Orte in Luxemburg (Stadt),
die man gesehen haben muss**
ISBN 978-3-7408-0363-6

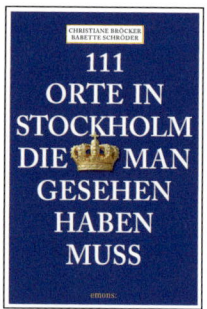

Christiane Bröcker,
Babette Schröder
**111 Orte in Stockholm, die
man gesehen haben muss**
ISBN 978-3-95451-203-4

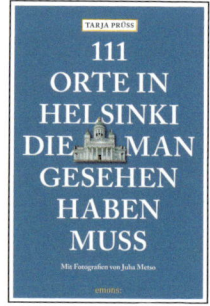

Tarja Prüss
**111 Orte in Helsinki, die
man gesehen haben muss**
ISBN 978-3-7408-0342-1

Gabriele Haefs
111 Orte in Oslo, die man gesehen haben muss
ISBN 978-3-7408-1088-7

Jan Gralle, Vibe Skytte
111 Orte in Kopenhagen, die man gesehen haben muss
ISBN 978-3-7408-0243-1

Sybil Canac, Renée Grimaud, Katia Thomas
111 Orte in Paris, die man gesehen haben muss
ISBN 978-3-95451-847-0

Ralf Nestmeyer
111 Orte an der Côte d'Azur, die man gesehen haben muss
ISBN 978-3-95451-563-9

Jo Berlien, Sabina Paries
111 Orte in Straßburg, die man gesehen haben muss
ISBN 978-3-7408-0576-0

Martin Roos, Jean-Claude Bourgueil
111 Orte in der Champagne, die man gesehen haben muss
ISBN 978-3-7408-1084-9

Marcus X. Schmid
111 Orte in der Bretagne, die man gesehen haben muss
ISBN 978-3-7408-1371-0

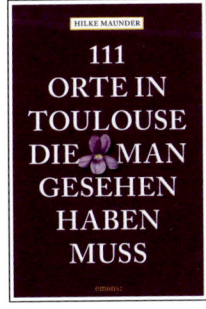

Hilke Maunder
111 Orte in Toulouse, die man gesehen haben muss
ISBN 978-3-7408-1091-7

Kay Walter
111 Orte am Canal du Midi, die man gesehen haben muss
ISBN 978-3-7408-1086-3

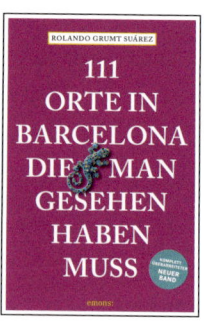

Rolando Grumt Suárez
**111 Orte in Barcelona, die
man gesehen haben muss**
ISBN 978-3-7408-0994-2

Rüdiger Liedtke
**111 Orte auf Mallorca, die
man gesehen haben muss**
ISBN 978-3-7408-0871-6

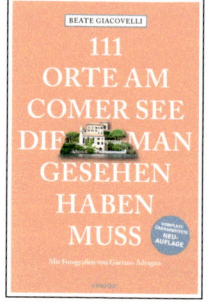

Beate Giacovelli
**111 Orte am Comer See, die
man gesehen haben muss**
ISBN 978-3-7408-1201-0

Natalino Russo
**111 Orte in Neapel, die
man gesehen haben muss**
ISBN 978-3-7408-0478-7

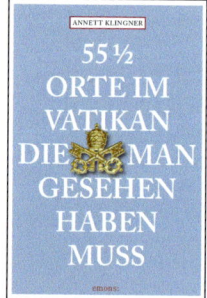

Annett Klingner
**55 ½ Orte im Vatikan, die
man gesehen haben muss**
ISBN 978-3-7408-0869-3

Annett Klingner
**111 Orte in Rom, die man
gesehen haben muss**
ISBN 978-3-95451-219-5

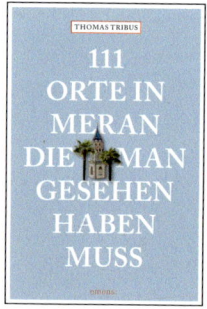

Thomas Tribus
**111 Orte in Meran, die
man gesehen haben muss**
ISBN 978-3-7408-0443-5

Max Fleschhut
**111 Orte auf Elba, die
man gesehen haben muss**
ISBN 978-3-7408-0587-6

Franz Hlavac, Gisela Hopfmüller
**111 Orte in Friaul und Julisch
Venetien, die man gesehen
haben muss**
ISBN 978-3-7408-0575-3

Marx de Morais
111 Orte in Turin und im Piemont, die man gesehen haben muss
ISBN 978-3-95451-736-7

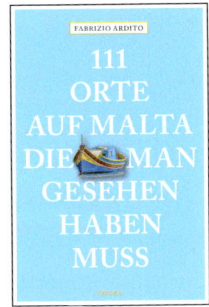

Fabrizio Ardito
111 Orte auf Malta, die man gesehen haben muss
ISBN 978-3-7408-0356-8

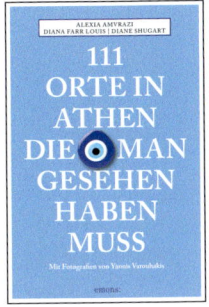

Alexia Amvrazi, Diana Farr Louis, Diane Shugart
111 Orte in Athen, die man gesehen haben muss
ISBN 978-3-7408-0560-9

Maria Tsoukis, Sofia Tsoukis
111 Orte auf Korfu, die man gesehen haben muss
ISBN 978-3-7408-1065-8

Cornelia Ziegler
111 Orte auf Kreta, die man gesehen haben muss
ISBN 978-3-95451-540-0

Peter Eickhoff
111 Orte in Wien, die man gesehen haben muss
ISBN 978-3-7408-0746-7

Jeroen Kuiper
111 Orte in Warschau, die man gesehen haben muss
ISBN 978-3-7408-0978-2

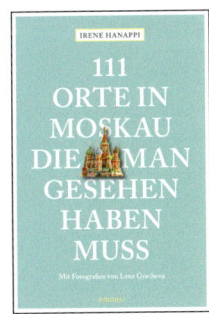

Lena Gracheva
111 Orte in Moskau, die man gesehen haben muss
ISBN 978-3-7408-0993-5

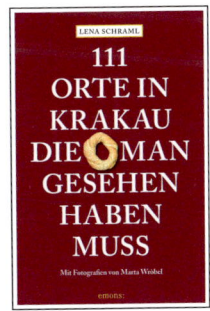

Lena Schraml
111 Orte in Krakau, die man gesehen haben muss
ISBN 978-3-7408-1087-0

Fotonachweis

Kapitel 1: IMAGO/E-PRESS PHOTO.com
Kapitel 2: Porträt von Zar Alexander I., George Dawe (1781–1829), WikimediaCommons/gemeinfrei
Kapitel 3, oben: Porträt von Zarin Alexandra Fjodorowna, George Grantham Bain Collection/Library of Congress, WikimediaCommons/gemeinfrei
Kapitel 3, unten: Porträt von Grigori Rasputin, Carl Oswald Bulla (1855–1929), WikimediaCommons/gemeinfrei
Kapitel 4, oben: mauritius images/The History Collection/Alamy
Kapitel 4, unten: Porträt von Großfürtin Anastasia von Russland, George Grantham Bain Collection/Library of Congress, WikimediaCommons/gemeinfrei
Kapitel 5: mauritius images/Allstar Picture Library Ltd/Alamy
Kapitel 6: mauritius images/Keystone Press/Alamy
Kapitel 7: Porträt von August dem Starken von Sachsen, Louis de Silvestre (1675–1760), WikimediaCommons/gemeinfrei
Kapitel 8: mauritius images/The Picture Art Collection/Alamy
Kapitel 9: mauritius images/Keystone Press/Alamy
Kapitel 10, oben: IMAGO/ANP
Kapitel 10, unten: picture alliance/dpa|Patrick van Katwijk
Kapitel 11: IMAGO/ZUMA Wire
Kapitel 12: mauritius images/Roger tillberg/Alamy
Kapitel 13: shutterstock/ Everett Collection
Kapitel 14: Porträt von Prinzessin Katharina von Braganza, Peter Lely (1618–1680), WikimediaCommons/gemeinfrei
Kapitel 15: picture-alliance/dpa/dpaweb|Alastair_Grant/Pool
Kapitel 16, oben: shutterstock/Alexandros Michailidis
Kapitel 16, unten: mauritius images/Panther Media GmbH/Alamy
Kapitel 17: mauritius images/ZUMA Press, Inc./Alamy
Kapitel 18: mauritius images/Robin utrecht/Alamy
Kapitel 19: mauritius images/Keystone Press/Alamy
Kapitel 20: mauritius images/Pictorial Press Ltd/Alamy
Kapitel 21: Porträt von Königin Christina von Schweden, Sébastien Bourdon (1616–1671), WikimediaCommons/gemeinfrei
Kapitel 22: picture alliance/dpa|Patrick van Katwijk
Kapitel 23: picture alliance/empics|Martin Keene
Kapitel 24: IMAGO/ZUMA Wire
Kapitel 25, oben: picture-alliance/dpa|epa afp Boussel
Kapitel 25, unten: picture-alliance/dpa|epa
Kapitel 26, oben: mauritius images/Parkerphotography/Alamy
Kapitel 26, unten: picture alliance/ASSOCIATED PRESS|PAUL HACKETT

Kapitel 90: Porträt von Madame Pompadour, François-Hubert Drouais (1727–1775), WikimediaCommons/gemeinfrei
Kapitel 91: mauritius images/CPA Media Pte Ltd/Alamy
Kapitel 92: mauritius images/World Book Inc.
Kapitel 93: shutterstock/PKittiwongsakul
Kapitel 94: mauritius images/Historical image collection by Bildagentur-online/Alamy
Kapitel 95: mauritius images/Keystone Press/Alamy
Kapitel 96, oben: picture-alliance/ dpa|Istvan Bajzat
Kapitel 96, unten: picture alliance/TT NEWS AGENCY | HANS JAKOBSSON
Kapitel 97, oben: shutterstock/Hector Christiaen
Kapitel 97, unten: Porträt von Kaiserin Elisabeth, Franz Xaver Winterhalter (1805–1873), WikimediaCommons/gemeinfrei
Kapitel 98: mauritius images/UtCon Collection/Alamy
Kapitel 99: mauritius images/BNA Photographic/Alamy
Kapitel 100: Porträt von Maria Stuart von Schottland, nach Rowland Lockey (1565–1616), Wikimedia Commons/gemeinfrei
Kapitel 101, oben: Porträt Maria Tudor von England, Anonym, Wikimedia Commons/gemeinfrei
Kapitel 101, unten: shutterstock/Ekaterina_Molchanova
Kapitel 102: picture-alliance/dpa|dpa
Kapitel 103: Foto von Queen Victoria und Prinz Albert von Sachsen-Coburg-Gotha, Roger Fenton (1819–1869), Wikimedia Commons/gemeinfrei
Kapitel 104: Porträt von Queen Victoria, Franz Xaver Winterhalter (1805–1873), Wikimedia Commons/gemeinfrei
Kapitel 105: IMAGO/Tinkeres
Kapitel 106: Foto von Königin Wilhelmina der Niederlande, Franz Ziegler (1893–1939), Wikimedia Commons/CC BY 4.0
Kapitel 107: IMAGO/Starface
Kapitel 108: mauritius images/age fotostock/Jose Miguel Alfonso
Kapitel 109: mauritius images/Andy Myatt/Alamy
Kapitel 110: picture alliance/ASSOCIATED PRESS|Owen Humphreys
Kapitel 111: mauritius images/Nataly Turjeman/Alamy

Michael Begasse arbeitet seit fast 30 Jahren beim Radio und im Fernsehen. Sein Gesicht kennen Sie, wenn Sie bei RTL, VOX oder n-tv Themen und Talks aus den Königshäusern sehen. Michael Begasse war vor Ort bei allen royalen Traumhochzeiten, ob in London, Windsor oder Monaco, den Taufen in Stockholm oder Oslo, allen Jubiläen der Queen und den glanzvollen Thronwechseln in den Niederlanden und in Spanien. Der Adelsexperte erlebt die beliebtesten Blaublüter der Welt hautnah und kann sehr spannend aus dem royalen Nähkastchen plaudern.